JN041809

子どもの学びからはじめる

特別支援教育の カリキュラム・ マネジメント

児童生徒の資質・能力を育む授業づくり

編　著：鹿児島大学教育学部　肥後 祥治／雲井 未歓／廣瀬 真琴
鹿児島大学教育学部附属特別支援学校

目　次

本書の目的 …………………………………………………………………………………… 4

第1章　特別支援教育とカリキュラム・マネジメント

第1節　新学習指導要領改訂のポイント………………………………………… 6
第2節　育てたい資質・能力の三つの柱………………………………………… 10
第3節　カリキュラム・マネジメント ………………………………………… 12

第2章　本校のカリキュラム・マネジメントの取組

第1節　三つのPDCAサイクル………………………………………………… 18
第2節　年間指導計画作成の手続き …………………………………………… 22
第3節　単元（題材）指導計画の作成 ………………………………………… 26
第4節　授業研究・授業ミーティングの取組 ………………………………… 30
第5節　計画の評価………………………………………………………………… 36

第3章　資質・能力を育む授業実践

第1節　本校の児童生徒に育てたい資質・能力………………………………… 44
第2節　実践の見方 ……………………………………………………………… 48
第3節　カリキュラム・マネジメントの実際 ………………………………… 50
　1　国語科
　（1）小学部：「もののなまえをあてようⅠ」（5・6月）／50
　（2）高等部：「相手に話そう」（6月）／56
　2　算数・数学科
　（1）中学部：「大きな数を数えよう」／60
　（2）高等部：「時計や暦を活用してスケジュールを立てよう」／64
　3　音楽科
　（1）中学部：「いろいろな楽器を演奏しよう」／68
　4　図画工作・美術科
　（1）高等部：「美術館へ行こう」（10月）／72
　5　体育・保健体育科
　（1）高等部：「バスケットボール（ゴール型球技)」／78
　6　各教科等を合わせた指導
　（1）小学部・生活単元学習：「あめのひのすごしかた」（6月）／84
　（2）高等部・作業学習「校外販売会をしよう」／90

資料　教育課程の編成 ─────────────────────

1　教育課程の編成に当たって ……………………………………… 98

2　各教科等の基本的な考え方 …………………………………… 102

　　1　各教科等を合わせた指導／102

　　2　生活科／106

　　3　国語科／108

　　4　算数・数学科／110

　　5　社会科／112

　　6　理科／114

　　7　音楽科／116

　　8　図画工作・美術科／118

　　9　体育・保健体育科／120

　　10　職業・家庭科／123

　　11　総合的な学習の時間（中）　総合的な探究の時間（高）／126

　　12　自立活動／128

コラム ──────────────────────────────

　　1　特別支援学校の教育課程／15

　　2　学校教育目標とカリキュラム・マネジメント／16

　　3　知的障害教育における教科等横断的な視点と教科内容の縦のつながり／35

　　4　子どもの学びの姿を見取る精度を高めていくために／40

　　5　学校の組織づくり／41

　　6　学びの姿と授業研究～子どもの学びから始めるよさ～／46

　　7　資質・能力の評価／55

　　8　学びに向かう力と自己効力感／77

　　9　評価と妥当性／89

引用・参考文献………………………………………………………… 131

おわりに……………………………………………………………… 132

執筆者一覧

　平成29年及び31年に改訂された特別支援学校学習指導要領では，児童生徒に資質・能力を育てる授業や，それを支えるカリキュラム・マネジメントの充実などが示されており，各学校においては，学習指導要領が目指す理念を実現するための実践を展開することが求められている。

　一方，現場の教師や大学生からは，「そもそもカリキュラム・マネジメントとは，どのようなものなのか。」，「カリキュラム・マネジメントとこれまで行ってきた教育課程の編成とは何が違うのか。」，「具体的にどのような手順で行えばよいのか。」などの声を聞くことがある。

　そこで，私たちは特別支援教育について学んでいる大学生や大学院生

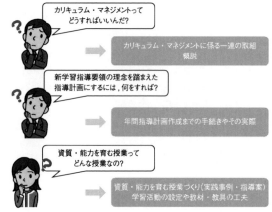

をはじめ，特別支援教育に携わっている教師，さらには特別支援教育の専門性をより深めたい教師を対象として，以下のようなことに配慮して本書を執筆した。

1　特別支援学校や特別支援学級などの授業づくりに初めて取り組む教師や悩んでいる教師，特別支援教育について学ぶ大学生や大学院生が読みやすく，分かりやすいものにする。

2　管理職やミドルリーダー，初任者研修の担当，大学生及び大学院生を指導する教師が，特別支援教育における教育課程の編成からその実施，評価・改善の取組について指導する際に生かすことができるものにする。

3　初任者研修や経験者研修，教育実習等で研究授業を行う教師（大学生及び大学院生を含む）が，資質・能力を育てる観点から学習指導案を作成する際に生かすことができるものにする。

4　日々の授業改善や単元等の評価につながる授業研究を日常的に行うための工夫などを分かりやすく示し，校内研修や校務等で生かすことができるものにする。

5　様々な授業の実践事例を示し，授業づくりの参考になるものにする。

　本書は，本校で大切にしてきた授業づくりのPDCA（計画・実施・評価・改善）や授業研究を基に，新学習指導要領で示された「育成を目指す資質・能力」をどのように授業づくりに組み込めばよいのかを説明した。また，その授業を通した子どもたちの姿をどのように評価し，教育課程の編成につなげていくかを，実践事例を挙げながら，カリキュラム・マネジメントの実践と授業づくりの実践の両方から具体的に分かりやすく説明した。本書を活用することで，全国の特別支援教育に携わる教師，その学校の管理職やミドルリーダーにとって，研究や実践の参考にしていただけるものと考える。

第1章

特別支援教育と
カリキュラム・マネジメント

<table>
<tr><td>第
1
節</td><td># 新学習指導要領改訂のポイント</td></tr>
</table>

1　改訂までの経緯と基本的な考え方

　平成28年12月中央教育審議会答申「幼稚園，小学校，中学校，高等学校及び特別支援学校の学習指導要領等の改善及び必要な方策等について」（以下「答申」と記す）を受け，文部科学省は，平成29年3月31日に幼稚園教育要領，小学校学習指導要領及び中学校学習指導要領の改訂告示を公示した。続いて，平成29年4月に特別支援学校幼稚部教育要領，特別支援学校小学部・中学部学習指導要領の改訂告示の公示を行った。さらに，平成31年2月に特別支援学校高等部学習指導要領の改訂告示を公示した。

　文部科学省は，特別支援学校学習指導要領等の改訂のポイントを基本的な考え方と教育内容等の主な改善事項の二つで内容を示している。新学習指導要領における基本的な考え方は次の4点である。

> ①　社会に開かれた教育課程の実現
> ②　育成を目指す資質・能力の明確化
> ③　主体的・対話的で深い学びの実現に向けた授業改善の推進
> ④　各学校におけるカリキュラム・マネジメントの確立

①　社会に開かれた教育課程の実現

　「答申」は，学校が社会や世界の動きに関心を払い，様々な人々とのつながりを保ちながら学ぶことのできる開かれた環境であることを求め，教育課程も社会とのつながりを大事にすることを指摘している。よりよい学校教育を通して，よりよい社会を創るという理念を学校と社会が共有し，両者が連携・協働して，これからの時代に求められる教育を実現していくことが求められている。

②　育成を目指す資質・能力の明確化

　育成を目指す資質・能力に関連して，「答申」は，自立した人間として主体的に学びに向かい人生を切り拓いていくための必要な「生きる力」を資質・能力として具体化し，それらを身に付けることを目指す教育課程の枠組みを示した。育成を目指す資質・能力として三つの柱が示された。具体的な三つの柱については，第2節で詳細に述べることとする。

③　主体的・対話的で深い学びの実現に向けた授業改善の推進

　「答申」は，学びの質を高めていくために，授業改善の視点として「主体的・対

話的で深い学び」が重要であると指摘している。三つの柱に整理された「資質・能力」を身に付けていくためには，学びの過程において子どもたちが，主体的に学ぶことの意味と自分の人生や社会の在り方を結び付けたり，多様な人との対話を通じて考えを広げたりしていることが重要になってくる。

④　各学校におけるカリキュラム・マネジメントの確立

新学習指導要領解説において，カリキュラム・マネジメントとは，「各学校においては，児童又は生徒や学校，地域の実情を適切に把握し，教育の目的や目標の実現に必要な教育の内容等を教科等横断的な視点で組み立てていくこと，教育課程の実施状況を評価してその改善を図っていくこと，教育課程の実施に必要な人的又は物的な体制を確保するとともにその改善を図っていくことなどを通して，教育課程に基づき組織的かつ計画的に各学校の教育活動の質の向上を図っていくこと」と定義し，カリキュラム・マネジメントの充実に努めることを求めている。

2　特別支援学校学習指導要領における改訂のポイント

特別支援学校学習指導要領の改訂の方針は，基本的に幼稚園，小学校，中学校及び高等学校の学習指導要領の改善・充実の方向性と同じ考え方である。その上で，特別支援学校学習指導要領では，障害のある子どもたちの自己のもつ能力や可能性を最大限に伸ばし，自立し社会参加するための必要な力を培うため，一人一人の障害に応じたきめ細やかな指導及び評価を一層充実することを視点に改訂されている。

特別支援学校学習指導要領における具体的な改善事項は，次のとおりである。

① 学びの連続性を重視した対応
② 一人一人の障害の状態像に応じた指導の充実
③ 自立と社会参加に向けた教育の充実

①　学びの連続性を重視した対応

近年は，特別支援学校の在籍児童生徒の増加傾向にあり，中学校に在籍した生徒が特別支援学校高等部に入学する場合が増えてきている。「答申」には，「小学校等の学習指導要領等の改訂において，各学校段階の全ての教科等に育成を目指す資質・能力の三つの柱に基づき，各教科等の目標や内容が整理されたことに踏まえ，知的障害者である児童生徒のための各教科等の目標や内容について小学校の各教科の目標や内容の連続性・関連性を整理すること」とある。つまり，特別支援学校（知的障害）の各教科等の目標及び内容について，小学校等の各教科と同じ視点や手続きで見直し，照らし合わせながら系統性と関連性を整理することが重要である。

学びの連続性を確保するために，特別支援学校（知的障害）の各教科の改善と充実や重複障害者等に関する教育課程の取扱いの充実が図られている。重複障害者等に関する教育課程の取扱いを適用する場合，基本的な考え方と留意点において，新

学習指導要領では，「障害の状態により特に必要がある場合」として弾力的に教育課程を編成できることについて6項目に分けて規定している。同解説では，規定の適用の判断に際しては「できること」となっていることにも留意する必要がある。取り扱わなかったり，替えたりした場合の児童生徒のその後の学習をどのようにしていくのか十分考慮して指導計画を立てていくことの必要性を示している。何を根拠に取り扱わないのか替えているのかなど，根拠を明確にしておくことが重要で，より慎重な対応が求められている。

　知的障害のある児童生徒のための各教科の目標や内容について育成を目指す資質・能力の三つの柱に基づき構造的に示されている。その際，各学部や各段階，幼稚園や小・中学校とのつながりに留意し，次の3点の充実を図ることとなっている。

ア　各段階の目標の新設と内容

　　現行の知的障害のある児童生徒のための各教科の目標や内容は，共通の目標が一つあり，段階ごとの内容が示されている。新学習指導要領では，段階ごとに目標を新しく設定し，各段階における育成をめざす資質・能力と内容を明確にしている。中学部に二つの段階を新設することで，小学部3段階や高等部1段階の目標及び内容のつながりの充実を図ることができる。

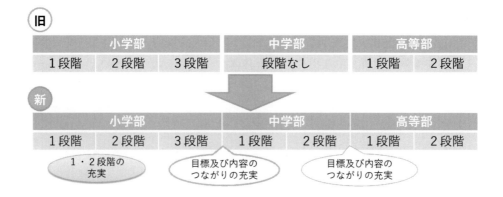

イ　小学部の教育課程に外国語活動を設けることができること

　　今回の改訂では，小学校における外国語教育の充実を踏まえて特別支援学校学習指導要領小学部に知的障害のある児童のための教育課程として，外国語活動を設けることが規定された。児童の実態等を考慮して外国語に親しみ，外国の文化や言語について体験的に理解したり関心を深めたりするために必要がある場合に「外国語活動」を加えて，教育課程を編成できるようにしている。

ウ　小学校等の各教科等の目標及び内容を参考に指導ができること

　　特別支援学校で学ぶ児童生徒の実態は実に様々である。近年，中学部においては，小学部からの入学者だけでなく，小学校の特別支援学級等から入学する生徒も多い。また，高等部の在籍生徒の実態を見てみると，入学前に特別支援学級や通常の学級に在籍し，小学校・中学校の各教科を履修しているケースも多く見ら

れる。その際，個別の指導計画に基づき，相当する学校段階までの小学校等の学習指導要領の各教科の目標及び内容を参考に指導できるように規定された。

② 一人一人の障害の状態像に応じた指導の充実

　ア 障害の特性等に応じた指導の配慮の充実

障害の特性等に応じた指導上の配慮を充実するという視点で改善が図られた。各障害種別の配慮の充実ポイントは以下のとおりである。

【視覚障害】	空間や時間の概念形成の充実
【聴覚障害】	音声，文字，手話，指文字等を活用した意思の相互伝達の充実
【肢体不自由】	体験的な活動を通した的確な言語概念等の形成
【病弱】	間接体験，疑似体験等を取り入れた指導方法の工夫

　イ 自立活動の充実

今回の改訂では，区分の変更はなく，項目についての見直しが行われた。「1 健康の保持」の区分に以下の新項目が設定され，6区分27項目となった。

> (4) 障害の特性の理解と生活環境の調整に関すること

連続性のある多様な学びの場において，発達障害を含めた障害のある児童生徒の多様な障害の種類や状態等に応じた指導を一層充実するために追加されたと考える。

③ 自立と社会参加に向けた教育の充実

自立と社会参加に向けた教育の充実の視点での改訂ポイントは，以下のとおりである。

| ア 卒業後の視点を大切にしたカリキュラム・マネジメントを計画的・組織的に行うこと |
| イ 幼稚部，小学部，中学部段階からのキャリア教育の充実を図ること |
| ウ 生涯を通してスポーツや文化に親しみ，生涯学習への意欲を高めること |
| エ 障害のない子供との交流及び共同学習の充実 |
| オ 知的障害のある児童生徒のための各教科等の内容の充実 |

以上，新学習指導要領の改訂のポイントについて述べてきたが，今回の改訂では，知的障害教育の各教科等の改善・充実が求められている。それは，各段階や小学校との連続性，関連性について整理されたこと以外に，自立活動や各教科等を合わせた指導との関連性の再整理が必要となり，知的障害のある児童生徒の教育課程に大きく影響してくることとなる。知的障害教育の各教科の改訂内容を踏まえて，知的代替の教育課程や自立活動を主とした教育課程についても見直しを図る必要があり，特別支援学校（知的障害）の各教科の理解は障害種にかかわらず重要な事項である。それは，今後のインクルーシブ教育の推進において重要不可欠であると考える。

育てたい資質・能力の三つの柱

　新学習指導要領において育成を目指す資質・能力の三つの柱として，①生きて働く「知識・技能」（何を理解しているか，何ができるか）の習得，②未知の状況にも対応できる「思考力・判断力・表現力等」（理解していること・できることをどう使うか）の育成，③学びを人生や社会に生かそうとする「学びに向かう力・人間性等」（どのように社会・世界と関わり，よりよい人生を送るか）の涵養を位置付けている（図 1-1）。

知識・技能

　各教科等に関する個別の知識や技能などであり，身体的技能や芸術表現のための技能等も含んでいる。基礎的・基本的な知識・技能を着実に獲得しながら，既存の知識・技能と関連付けたり，組み合わせたりしていくことにより，知識・技能の定着を図るとともに，社会の様々な場面で活用できる知識・技能として体系化しながら身に付けていけるようにしたい。
　知的障害教育では，様々な体験等を通して学習上や生活上に必要な正しい知識・技能が身に付くように学習内容を用意することと，そこで身に付けた知識や技能をさらに活用して学習上や生活上の課題に対処できるようにすることを大切にしたい。

思考力・判断力・表現力等

　問題を発見し，その問題を定義し解決の方向性を決定し，解決方法を探して計画を立て，結果を予測しながら実行し，プロセスを振り返って次の問題発見・解決につなげていくこと（問題発見・解決）や，情報を他者と共有しながら，対話や議論を通じて互いの多様な考え方の共通点や相違点を理解し，相手の考えに共感したり多様な考えを統合したりして，協力しながら問題を解決していくこと（協働的問題解決）のために必要な思考力・判断力・表現力等である。
　教育課程においては，これらの過程に必要となる「思考力，判断力，表現力等」が各教科等の特質に応じて育まれるようにするとともに，教科等横断的な視点に立って，現代的な諸課題に対応して求められる資質・能力の育成を目指す中で育まれるようにすることが重要となる。

学びに向かう力・人間性等

　児童生徒が「どのように社会や世界と関わり，よりよい人生を送るか」に関わる「学びに向かう力，人間性等」は，他の二つの柱をどのような方向性で働かせていくかを決定付ける重要な要素となる。児童生徒の情意や態度等に関わるものであることから，他の二つの柱以上に，児童生徒や学校，地域の実態を踏まえて指導のねらいを設定していくことが重要となる。知的障害教育においても子供たちが関心をもち，十分に取り組める学習内容を用意した活動に見通しをもって主体的に取り組んだり，達成感をもったりすることができる支援を行うことで，自己の感情や行動を統制する力やよりよい生活や人間関係を自主的に形成する態度を育むことができると考えられる。

知的障害教育における育成すべき資質・能力

　特別支援教育においては，一人一人の障害の状況等に応じて，指導目標や指導内容を設定しており，今後も個に応じた指導を一層充実させていくことが重要である。そのためには，育成を目指す資質・能力を各学校において，児童生徒に応じた具体的な姿として描いていくことが求められる。

　例えば，本校の算数・数学科では，「たすのかな？ひくのかな？」という題材がある。この題材では，子どもたちに身近な生活場面から設定した文章問題を読み，加法を使うか，減法を使うかを考え，判断し，式や答えを導くという学習活動が設定されている。この題材で知識・技能とは，加法と減法の理解と習得である。つまり，足し算や引き算に関する知識を用いて答えを導き出す姿を目指すことになる。次に，思考力・判断力・表現力等については，文章問題から語句（「合わせて」や「残りは」など）を手掛かりにして，足し算を用いるか，引き算を用いるかを思考・判断する力，式や言葉で他者に考えを伝える力の育成を目指す。最後に学びに向かう力・人間性等については，子どもたちに身近な生活場面という設定によって，習得してきた知識や技能を基に思考・判断・表現しようとする思いや態度の涵養を目指す。これは，生活に生かそうとする原動力とも言えるだろう。このように育成を目指す資質・能力の三つの柱を学習に設定していくことは，主体的・対話的で深い学びの実現にもつながるのではないだろうか。

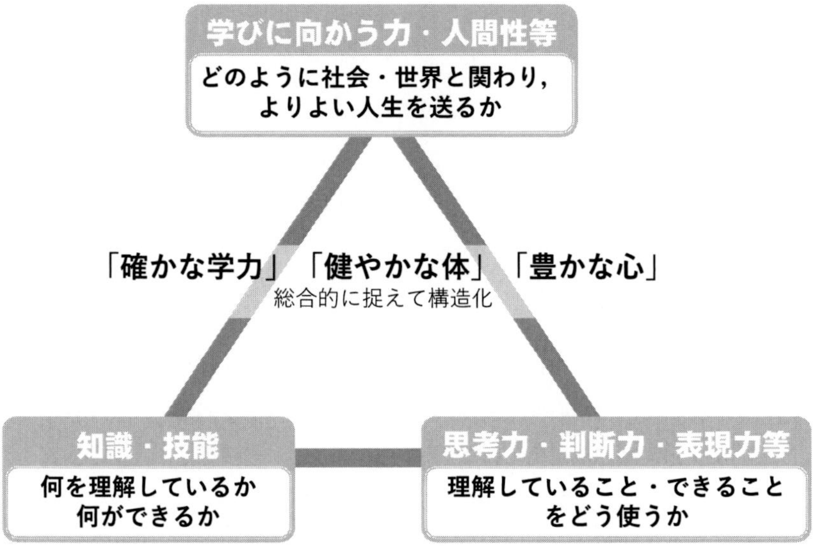

学びに向かう力・人間性等
どのように社会・世界と関わり，
よりよい人生を送るか

「確かな学力」「健やかな体」「豊かな心」
総合的に捉えて構造化

知識・技能
何を理解しているか
何ができるか

思考力・判断力・表現力等
理解していること・できること
をどう使うか

図 1-1　育成を目指す資質・能力の三つの柱

カリキュラム・マネジメント

1 教育課程とカリキュラムの関係

　第1節で述べたとおり，学習指導要領改訂のポイントの一つにカリキュラム・マネジメントがある。改訂に伴い，カリキュラム・マネジメントに関する書籍が数多く出版され，最近では一般的な言葉になりつつある。しかしながら，そもそも「カリキュラム」とは何か，いまひとつピンとこない方も多いのではないだろうか。理由の一つとして，新学習指導要領においてカリキュラム・マネジメントについては定義されているものの，カリキュラム自体については十分に解説されていないことが挙げられる。文部科学省ホームページでは「教育課程（カリキュラム）」との表記はあるが，これだけでは教育課程とカリキュラムが同義であると判断することは難しい。そこで，カリキュラム・マネジメントについて語る前に，教育課程とカリキュラムの関係を整理し，本校の捉えを述べておく。

　教育課程は，「学校教育の目的や目標を達成するために，教育の内容を児童生徒の心身の発達に応じ，授業時数との関連において総合的に組織した学校の教育計画」（文部科学省，2018）とされており，学校教育目標をはじめとする全体計画や各教科等の年間指導計画などの教育計画がそれに当たると言える。一方で，カリキュラムについては，用語の解釈は研究者によって様々であるが，「学校が計画した教育内容の総体」（田中，2013）や「計画レベルだけでなく，実施レベル，結果レベルまでを含むもの」（安彦，2005），「教師が組織し子どもが体験する学びの経験の履歴」（臼井・金井，2012）など，いずれも計画から実施，評価，改善までの一連の過程を含むものとして捉えることができる。以上のことを踏まえ，本校では教育課程とカリキュラムを区別することにした（図1-2）。

　今回の改訂において，カリキュラム・マネジメントは「児童又は生徒や学校，地域の実態を適切に把握し，教育の目的や目標の実現に必要な教育の内容等を教科等横断的な視点で組み立てていくこと，教育課程の実施状況を評価してその改善を図っていくこと，教育課程の実施に必要な人的又は物的な体制を確保するとともにその改善を図っていくことなどを通して，教育課程に基づき組織的かつ計画的に各学校の教育活動の質の向上を図っていくこと」と定義されている。教育課程とカリキュラムを区別して考えると，教育課程を含む一連の過程であるカリキュラムを組織的かつ計画的に循環させる仕組みがカリキュラム・マネジメントであると言うことができる。

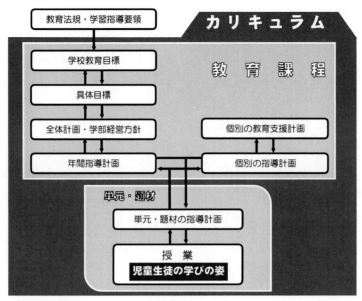

図 1-2　教育課程とカリキュラム

2　カリキュラム・マネジメントの三つの側面

　新学習指導要領解説において，カリキュラム・マネジメントは，三つの側面から整理して示されている。

①　教育の目的や目標の実現に必要な教育の内容等を教科等横断的な視点で組み立てていくこと

　教育課程の編成に当たっては，学校の教育目標の設定，指導内容の組織及び授業時数の配当が教育課程の編成の基本的な要素になる。その際，各教科等の内容相互の連携を図ることや，教科等横断的な視点に立った資質・能力の育成を教育課程の中で適切に位置付けていくことなどが重要である。

②　教育課程の実施状況を評価してその改善を図っていくこと

　教育課程を編成し，実施，評価，改善のプロセスが循環するようにしていくことが求められている。児童生徒に何が身に付いたかという学習の成果を的確に捉える方法や，いつ，誰が，どのように評価・改善に取り組むかを明確にした組織づくり，各プロセスで必要なツール等については，各学校の創意工夫によって具体的な仕組みを構築していくことが重要である。

③　教育課程の実施に必要な人的又は物的な体制を確保するとともにその改善を図っていくこと

　校内においては，実践的リーダーを中心とした学校の運営組織を生かし，それぞれの分担に応じて教育課程に関する研究を重ね，創意工夫を加えて編成や改善を図っていくことが求められている。また，社会に開かれた教育課程の理念に基づき，地域の教育資源や学習環境などについて具体的に把握して教育課程を編成するとと

もに，地域でどのような子どもを育てるかといった目標を共有し，地域とともにある学校づくりが一層効果的に進められていくことが期待されている。

　これらに加え，新特別支援学校学習指導要領においては，「個別の指導計画の実施状況の評価と改善を，教育課程の改善と評価につなげていくこと」も述べられている。

　図1-3は本校におけるカリキュラム・マネジメントの構造図である。それぞれの具体的な取組については，第2章以降で紹介していく。

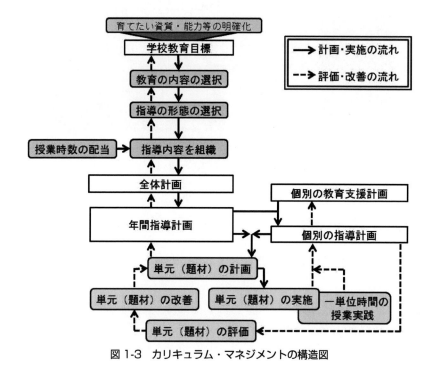

図 1-3　カリキュラム・マネジメントの構造図

Column1

特別支援学校の教育課程

　視覚障害者，聴覚障害者，肢体不自由者又は病弱者である児童に対する教育を行う特別支援学校においては，小学校や中学校，高等学校の学習指導要領に準じて指導を行うことが特別支援学校学習指導要領に示されています。「準ずる」とは，原則として同一ということを意味しますが，指導計画の作成と内容の取扱いについては，児童生徒の障害の状態や特性及び心身の発達の段階等を十分に考慮することが必要です。

　また，学習が困難で特に必要がある場合，各教科の目標・内容の一部を取り扱わないことや下学年の各教科の全部又は一部と代替することが可能です。

　知的障害のある児童生徒は，特別支援学校学習指導要領に示されているように，学習上の特性として，学習によって得た知識や技能が断片的になりやすく，実際の生活の場面の中で生かすことが難しい状況があります。そのため，実際の生活場面に即しながら，繰り返して学習することにより，必要な知識や技能等を身に付けられるようにする継続的，段階的な指導が重要となります。

　また，抽象的な内容の指導よりも，実際的な生活場面の中で，具体的に思考や判断，表現できるようにする指導が効果的です。

　知的障害がある児童生徒についても，特別支援学校の各教科を基に各教科の内容の指導を行うこととなりますが，指導の形態として，教科ごとの時間を設けて指導を行う場合は，「教科別の指導」と呼ばれています。

　また，特別の教科　道徳（以下，道徳科），外国語活動，特別活動，自立活動の時間を設けて指導を行うことができます。

　さらに，知的障害がある児童生徒の教育課程の最大の特徴として，各教科，道徳科，特別活動，自立活動（小学部においては外国語活動）の一部又は全部を合わせて指導を行うことができます。児童生徒の学校での生活を基盤として，学習や生活の流れに即して学んでいくことが効果的であることから，日常生活の指導，遊びの指導，生活単元学習，作業学習などとして「各教科等を合わせた指導」と呼ばれています。

　図は，知的障害特別支援学校の小・中学部の教育課程全体構造例です。このように，教育課程を指導内容（教育の内容）と指導の形態の二重構造として構造化していることが大きな特徴ですが，いずれも，今回の学習指導要領で示されているように児童生徒が「何を学ぶのか」ということを念頭におき，各教科等の内容との関連性や系統性を十分考慮して単元（題材）を設定することが必要不可欠です。　　　　（奥　政治）

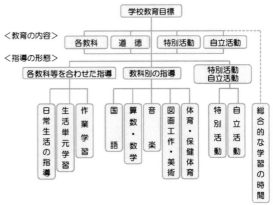

小・中学部の教育課程の全体構造例

Column2

学校教育目標とカリキュラム・マネジメント

　各学校においては，学校教育目標が設定され重点課題や具体策を明確にしながら実践し，評価を行っています。この学校教育目標は，学校教育法や学習指導要領などの法的な根拠に基づき，校長がリーダーシップをもって作成しています。

　平成27年の中央教育審議会初等中等教育分科会において，カリキュラム・マネジメントの学校全体としての取組について，次のようなことが示されました。

- ・「カリキュラム・マネジメント」については，校長又は園長を中心としつつ，教科等の縦割りや学年を越えて，学校全体で取り組んでいくことができるよう，学校の組織及び運営についても見直しを図る必要がある。そのためには，管理職のみならず全ての教職員がその必要性を理解し，日々の授業等についても，教育課程全体の中での位置付けを意識しながら取り組む必要がある。また，学習指導要領等を豊かに読み取りながら，各学校の子供たちの姿や地域の実情等と指導内容を照らし合わせ，効果的な年間指導計画等の在り方や，授業時間や週時程の在り方等について，校内研修等を通じて研究を重ねていくことも考えられる。
- ・「カリキュラム・マネジメント」については，管理職のみならず，全ての教職員が責任を持ち，そのために必要な力を教員一人一人が身に付けられるようにしていくことが必要である。また，「社会に開かれた教育課程」の観点からは，学校内だけではなく，保護者や地域の人々等を巻き込んだ「カリキュラム・マネジメント」を確立していくことも重要である。

　このようなことから，学校教育目標についても，PDCAサイクルを機能させながら，チーム学校として全職員で作り上げていくことが大切です。

職員や保護者，学校関係者との協働による学校教育目標の設定例

　6月の梅雨の時期は，生活単元学習等で雨の日の過ごし方や室内での遊びを通した単元が構成されることがあります。このような単元では，自然や理科，製作活動を通した図画工作や美術，体育（室内での運動）等の教科を合わせた指導を行い，実践後は評価に基づいて改善を図っています。

　ある学校では，評価の際に，近年の大規模災害や危険なレベルの大雨等を踏まえ，次年度の計画の中に防災教育や安全指導について今まで以上に取り組みたいことが検討されました。各学部でも同様の取組について合意形成が図られ，全職員で重要性を共有しました。また，保護者の学校評価や学校関係者評価においても同様の意見が挙げられました。

　学校経営の具体目標を確認すると，自己の生命を大切にすることや健康で安全な生活を送ることが二番目に掲げられていました。より重点的な取組を行いたいという職員の総意を受けて，次年度の具体目標の一番目に掲げることを校長が決定しました。　　　　　　　　　　（奥　政治）

第 **2** 章

本校のカリキュラム・マネジメントの取組

三つの PDCA サイクル

　日々の授業づくりは，教師一人一人が児童生徒の実態に応じて構想を膨らませ，創造する営みである。加えて，学校全体で児童生徒の学びを育むためには，教育課程を軸にした一貫した取組として展開されるものでなければならない。

　平成 29 年及び平成 31 年に改訂された特別支援学校学習指導要領では，児童生徒の資質・能力を育てる授業を学校全体で実現するため，それを支えるカリキュラム・マネジメントの重要性が示されている。

　近年，本校においては，児童生徒の学びに注目し，日々の授業の充実や，年間指導計画等の評価及び改善を組織的，継続的に行う仕組みを構築することを目指してきた。このことは，新学習指導要領が目指すカリキュラム・マネジメントの充実に向けた取組と重なると考えている。

　そこで本章では，本校におけるカリキュラム・マネジメントに係る具体的な取組を紹介する。

1　PDCA サイクルの構造を理解する

　各学校では，年間指導計画や個別の指導計画を作成し，それに基づく授業が展開される。そして，実施した授業や単元等の指導計画，個別の指導計画，年間指導計画の評価が行われ，日々の授業改善や次年度の教育課程編成に生かされる。この営みは，計画（P）－実施（D）－評価（C）－改善（A）の過程が循環する仕組み（以下，PDCA サイクル）として示されることが多い。しかし，単に PDCA サイクルと言っても，実際は年間指導計画等の作成に始まる 1 年間を周期とするものから，授業計画の立案に始まる日々の授業実践を周期とするものまで，周期の異なる PDCA サイクルが入れ子構造になっていることを理解する必要がある。そして，年間指導計画等の作成，日々の授業の実施，授業や単元等の評価，次年度の実践に向けた年間指導計画等の改善といった取組が，どのような周期の PDCA サイクルの，どの部分に位置付くか教師間で共有することが，学校全体でカリキュラム・マネジメントの充実を目指す際の第一歩となる。次項では，本校で整理した PDCA サイクルの構造について述べる。

2　三つの PDCA サイクル

　前項で述べたように，学校全体でカリキュラム・マネジメントの充実を目指す上

で，PDCA サイクルの構造を教師間で共有することが大切である。このことについて，本校では，年間指導計画等を基に授業を行ったり，実施した授業を基に年間指導計画等の評価・改善を行ったりする営みは，周期が異なる三つの PDCA サイクルで成り立っており，それぞれの過程が相互に密接な関連を図りながら循環することが重要であると考えた。

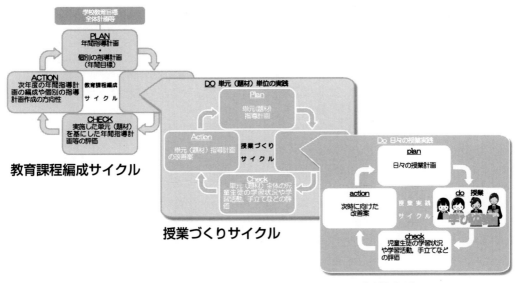

図 2-1　三つの PDCA サイクル

（1）教育課程編成サイクル

各教科等の年間指導計画や，児童生徒一人一人の年間目標を記した個別の指導計画に基づく一年間を周期とした取組を「教育課程編成サイクル」とした。

PLAN	学校教育目標の達成に向けて，「どの内容を」，「どの指導の形態で」，「どの時期に」，「どのくらいの授業時数で」，「どのような学習活動を通して」指導するかについて，単元や題材の概要を整理して年間指導計画を作成する。 児童生徒一人一人の実態に応じて，一年間を見通した指導目標や指導機会，指導上の配慮事項などを整理して個別の指導計画を作成する。

| **DO** | 「PLAN」で作成した年間指導計画や個別の指導計画（年間目標等）を基に，単元や題材のまとまりで具体的な実践を展開する。
　この過程における計画－実施－評価－改善の取組が，後述する「授業づくりサイクル」である。 |

| **CHECK** | 単元や題材における具体的な実践（「DO」）を通して得られた児童生徒の学習状況や，設定した学習活動及び手立ての有効性などに関する情報を基に，年間指導計画や個別の指導計画（年間目標等）を評価する。 |

| **ACTION** | 「CHECK」で行った年間指導計画や個別の指導計画（年間目標等）の評価を基に，次年度の実践を更に充実させるための改善点を明らかにして，具体的な改善を図る。 |

(2) 授業づくりサイクル

年間指導計画や個別の指導計画（年間目標等）に基づいて展開される単元や題材のまとまりを周期とした具体的な取組を「授業づくりサイクル」とした。

| **Plan** | 年間指導計画や個別の指導計画（年間目標）を基にしながら，学習集団を構成する児童生徒の実態に応じて，単元や題材全体を見通した指導目標や授業構成を検討して，具体的な指導計画を作成する。 |

| **Do** | 「Plan」で作成した単元や題材の指導計画に基づいて，日々の授業を展開する。
　この過程における計画－実施－評価－改善の取組が，後述する「授業実践サイクル」である。 |

| **Check** | 単元や題材の授業（「Do」）における児童生徒の学びの姿を基に，「Plan」で設定した指導目標の達成状況や，単元や題材全体を見通した授業構成及び手立ての有効性などを評価する。 |

| **Action** | 「Check」で行った単元や題材全体の評価を基に，課題となる部分については具体的な改善案を検討して，「教育課程編成サイクル」の「CHECK」や「ACTION」に生かすことができるようにする。 |

(3) 授業実践サイクル

児童生徒の実態に応じて作成した単元や題材の具体的な指導計画に基づいて展開される日々の授業実践を周期とした取組を「授業実践サイクル」とした。

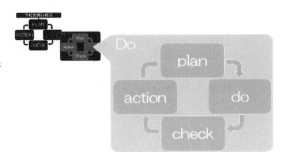

plan	単元（題材）指導計画に基づいて，授業ごとに指導目標や学習活動，手立てなどを検討して，具体的な授業計画を作成する。
do	「plan」で作成した授業計画に基づいて授業を実施する。 授業においては，授業計画と児童生徒の学びの姿を常に照らし合わせて，必要に応じて計画を柔軟に組み替えながら実施することも重要である。
check	授業（「do」）における児童生徒の学びの姿を基に，「plan」で設定した指導目標の達成状況や，設定した学習活動及び手立ての有効性などを評価する。
action	「check」で行った授業の評価を基に，課題となる部分については具体的な改善案を検討して，次の授業に生かすことができるようにする。

以上を踏まえて次節からは，三つの PDCA サイクルの各過程における具体的な取組を紹介する。

第2節 年間指導計画作成の手続き

1 教育課程の実施と年間指導計画の作成

ここでは，三つの PDCA サイクルのうち，教育課程編成サイクルに着目する。

各学校が主体となって編成する教育課程は，「教育活動の中核として最も重要な役割を担う」（文部科学省，2018）ものであり，学校教育目標の設定，指導内容の組織及び授業時数の配当が基本的な要素になる。この教育課程に基づき，日々の教育活動を組織的，継続的に実施していくためには，学校教育目標の達成という共通の目的の下，一人一人の教師が子どもたちの学びの道筋を具体的に思い描くことが大切になる。その手掛かりになるものが「具体的な指導により重点を置いて作成した」（文部科学省，2018）指導計画である。指導計画には，各種様々なものがあるが，一年間の単元や題材の配列を見通すとともに，目標，指導内容，指導の順序，学習活動，授業時数といった単元（題材）ごとの概要を示した指導計画を，本校では年間指導計画と呼んでいる。

吉冨（2016）は，「学校において，教育課程を基に，それを具体化するための種々の指導計画を作成し，教育活動を展開していく一連の過程を『教育課程の実施』という。」としている。続けて，「『教育課程の実施』の概念は，各年度の各教科等の年間指導計画を定めることにはじまり，さらに単元等の指導計画，本時の指導案といったように順次，具体的な計画を作成し，授業を実施し，評価を行うことを包括する。」としている。

本校においても，教育課程の実施に伴う一連の過程の中で，様々な指導計画を作成し，学校教育目標の達成に向けた授業を日々展開することを目指している。年間指導計画の作成は，これら一連の営みの起点になる取組と言える。

本校では，教科別に，あるいは各教科等を合わせて指導を行う場合に作成し，以下のような内容で構成している。

- 単元（題材）名及び実施時期
- 目標
- 育てたい資質・能力
- 授業時数
- 他教科等の内容との関連
- 全体計画との関連
- 学習活動とその順序
- 学習活動の工夫（資質・能力を育てるための工夫）
- 評価場面（評価計画）

2 年間指導計画を作成することの意義

(1) 学びの経路を検討する

　　学習指導要領の改訂に先立ち，中央教育審議会は，「幼稚園，小学校，中学校，高等学校及び特別支援学校の学習指導要領等の改善及び必要な方策等について（答申）」（以下，答申）を取りまとめた。この中で，「目の前の子供たちの現状を踏まえた具体的な目標の設定や指導の在り方については，学校や教員の裁量に基づく多様な創意工夫が前提」としつつ，これからの教育課程や学習指導要領等が果たす役割として，「学校の創意工夫の下，子供たちの多様で質の高い学びを引き出すため，学校教育を通じて子供たちが身に付けるべき資質・能力や学ぶべき内容などの全体像を分かりやすく見渡せる『学びの地図』として…（中略）…幅広く活用したりできる」ことを挙げている。

　　つまり，各学校においては，国の基準としての学習指導要領（＝学びの地図）を積極的に活用するとともに，複数に考え得る学びの過程（＝学びの経路）の中から在籍する子どもたちにより適した学びの過程を検討していくことが求められる。

　　年間指導計画が教育計画を具体化した指導計画であり，その作成が教育課程実施の起点になることは先に述べたとおりである。学びの地図を読み解き，設定した学校教育目標を達成し得る学びの経路と子どもの歩みに必要な時間を仮定する。年間指導計画を作成することの意義は，このことにある。

(2) 教師の力量形成に資する

　　「子供たちの多様で質の高い学び」（答申）を実現する上で，カリキュラム・マネジメントに係る三つの側面（第1章第3節を参照）はもちろんのこと，カリキュラムに関わる教師一人一人の姿勢が大切になる。森（2012）は，カリキュラムに関わる教師の姿を，「耐教師性カリキュラム」と「耐カリキュラム性の教師」という考え方を用いて的確に表している。

　　前者は，「どんな教師にも有効なカリキュラムの開発を目指したもの」であり，「教師の創意や専門性を限定し実践を画一化する傾向をもつ」としている。つまり，どの教師においても実践可能な計画として機能することに主眼が置かれ，その結果として，教師が創造的に授業と関わることは極端に少なくなる。

　　一方，後者は，「学校現場それぞれが抱える多様な文脈とその個性に柔軟に対応してどんなカリキュラムにも有効な教師の育成を志向する動き」とされ，教師は，「実践者であると同時に研究者であり，開発者」であることが求められる。先の答申で，「学校や教員の裁量に基づく多様な創意工夫が前提」とあることから，国が求める教師像も「耐カリキュラ

ム性の教師」と言える。年間指導計画作成の場は，子どもにとっての最適な学び方を模索する場であると同時に，教師が互いの専門性と創造性を発揮し合う，力量形成の場につながるのである。

　特に，知的障害特別支援学校では，学びの特性や学習状況の個人差が大きく，様々な学びの姿を想定しつつ指導計画を作成しなければならない。小・中・高等学校のように，指導計画を作成する上で参考になる資料（例えば，教科書会社が作成する指導計画など）もない。何を，どのようなまとまりで，いつ，どのようにして教えるのかといったことは，各々の学校に委ねられている。教育課程編成の裁量は大きく，学校，そして教師一人一人の創意工夫が一層求められると言える。

3　年間指導計画作成の具体的手続き

　これまで，年間指導計画を作成することやその意義について述べてきた。次に，年間指導計画作成の一例として，本校の手続きを紹介する。

手続き①「各教科の目標と内容を一覧にする」

　各教科の目標と内容の系統性，発展性を確認することができるように，各教科の目標及び内容を一覧表に整理する。教科により，育成を目指す資質・能力に沿った内容の示し方が異なるため，「知識及び技能」，「思考力，判断力，表現力等」，「学びに向かう力，人間性等」別に色を分けて，一覧表に整理すると更に分かりやすくなる（特別支援学校学習指導要領解説総則編（小学部・中学部）のpp.350-410にある「目標・内容の一覧」と類似する資料になる）。

手続き②「教科の内容を教える指導の形態を検討，選択する」

　在籍する子どもの実態を踏まえて，教科の内容を教科別に指導するのか，あるいは，各教科等の内容を合わせて指導（各教科等を合わせた指導については，資料　教育課程の編成を参照）するのかを検討する。ここでは，各教科等の目標や内容を基にして単元（題材）を構成できるように，教科別の指導，各教科等を合わせた指導といった指導の形態ごとに，取り扱う教科の内容を明確にしておくことが大切になる。

手続き③「単元（題材）を構成し，授業時数を配当する」

　各教科の目標及び手続き②で確認した教科の内容を基にして，年間に実施する単元（題材）を構成し，必要な授業時数を配当する。単元（題材）は，在籍する子どもたちの一年間の学校生活を見通し，配列する。系統性や発展性といった指導の形態ごとの縦のつながりだけでなく，他教科や他の指導の形態との関連性も考慮する。学習の基盤

単元（題材）構成検討の様子

となる資質・能力や現代諸課題に対応するための資質・能力をよりよく育むことができるように，教科等横断的な視点で組み立てるようにする。

手続き④「単元（題材）ごとの目標等を設定する」

　各単元（題材）で扱う教科の内容と児童生徒の実態を踏まえ，具体的な指導内容を設定する（「何を学ぶか」）。次に，指導内容として設定した事柄を子どもたちがよりよく学ぶために必要な学習活動を検討する（「どのように学ぶか」）。学習活動は，子どもたちが教科等の見方・考え方を働かせたり，主体的，対話的に取り組み，深く思考したりできるような活動であり，操作，言語活動，体験活動，観察，比較，予想，問題解決など，様々な活動が考えられる。検討した学習活動と指導内容を組み合わせ，単元（題材）の目標として設定する。

【目標設定の例】

　　＜学習活動＞　　　　　　　　　　　　　　　　　　　　　＜指導内容＞
賛成と反対の立場に分かれて意見を交換する活動を通して，自分の意見を友達に分かりやすく伝えることができる。

手続き⑤「育てたい資質・能力を設定する」

　単元（題材）の指導を通して達成を図りたい具体的な姿（「何ができるようになるか」）を検討する。本校では，「知識及び技能」，「思考力，判断力，表現力等」については単元（題材）ごとに，「学びに向かう力，人間性等」については，一年間を見通して達成を図りたい具体的な姿を設定するようにしている。この姿を達成できたかどうかで作成した計画を評価することになる。評価場面（達成を図りたい具体的な姿を見取る場面）についても併せて検討を行っておく。

手続き⑥「資質・能力を育てるための工夫を検討する」

　単元（題材）全体を通じて設定する学習活動について，主体的・対話的で深い学びの視点から検討を行い，資質・能力を育てるための具体的な手立てを記述する。その際，各教科等の見方や考え方を働かせることができるような学習活動を検討しておくことも重要になる。各教科等の見方や考え方とは，「『どのような視点で物事を捉え，どのような考え方で思考していくのか』というその教科等ならではの物事を捉える視点や考え方」（文部科学省，2018）であり，「教科等の学習と社会をつなぐもの」（同）として，その意義が述べられている。

単元（題材）指導計画の作成

1　単元（題材）指導計画を作成する意義

　ここでは，三つの PDCA サイクルのうち，授業づくりサイクルの「計画（Plan）」に着目する。

　年間指導計画の作成を終えたら，いよいよ具体的な授業づくりの取組に進む。授業を担当する教師は，年間指導計画に基づき，目の前にいる児童生徒の実態を踏まえながら，単元や題材のまとまりの中でどのような授業を実施するか構想を膨らませていく。このときに作成する指導計画が単元（題材）指導計画である。

　年間指導計画は，前節で述べたように各教科等の単元や題材が学校教育目標の達成に向けた取組になるように，その道筋を示すモデルとしての役割を担う。学校全体としての指導モデルという性質上，当該学部に在籍する児童生徒に対して幅広く適用することができるように，単元や題材の目標，指導内容，指導の順序，学習活動，授業時数などが概略的に示される。

　そこで，単元（題材）指導計画を作成することを通して，年間指導計画に概略的に示されている内容を，目の前にいる児童生徒の実態に応じた，より具体的なものにして，日々の授業につなげていくことが必要となる。つまり，単元（題材）指導計画を作成するということは，年間指導計画と日々の授業をつなぐ営みであり，このことが，単元（題材）指導計画を作成する意義と言える。

　新学習指導要領では，児童生徒に「育成を目指す資質・能力」を育むために，児童生徒が「何を学ぶか」に加えて，「どのように学ぶか」という学習のプロセスに視点を向けることの必要性が示されている。単元や題材をまとまりとして捉え，一つ一つの授業をどのようにつなぐか，児童生徒が思考をめぐらせて学習課題を解決していくために必要な手立ては何かなどについて検討することが，これまで以上に求められる今日，教師が単元や題材の構想を練るための手段として単元（題材）指導計画の活用が期待される。

　さらに，特別支援学校の場合，小・中・高等学校より同じ学年や学習集団であっても児童生徒の発達の段階や学習状況，学びの特性，生活経験などの個人差が大きい場合が多い。したがって，単元や題材の全体を通して児童生徒一人一人の実態に即した授業を展開するために，年間指導計画と個別の指導計画を照らし合わせて，単元や題材で学習させたい各教科等の内容を明確にしたり，児童生徒の学習及び生活経験，興味・関心，学びの特性を考慮して学習活動や手立てを設定したりすることが必要不可欠となる。このような観点から，特別支援学校において単元（題材）指導計画を作成

する意義は一層大きくなると言えよう。

2 授業計画シート［本校の単元（題材）指導計画］

　前述したとおり，単元や題材の全体を通してどのような資質・能力を育てたいのか，そのためにはどのような学習活動を設定したり，手立てを講じたりするとよいかを検討し，単元（題材）指導計画を作成することが大切である。ここでは本校が単元（題材）指導計画として用いている「授業計画シート」を紹介する。

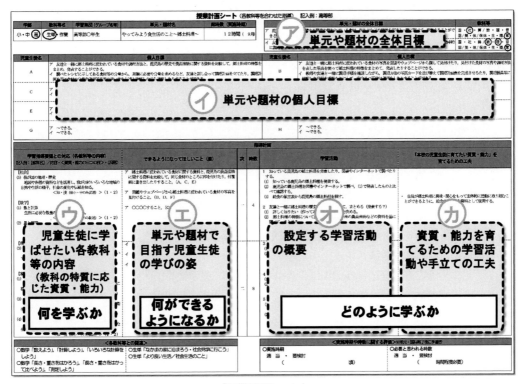

「授業計画シート」

(1)「授業計画シート」の様式の特徴

　「授業計画シート」を作成することを通して，教師が単元や題材の構想を膨らませたり，考えを整理したりして，日々の授業に活用できるようにすることが大切である。そのために必要十分な情報を吟味して，「授業計画シート」に記入する内容を選定した。「授業計画シート」の主な特徴は次のとおりである。

・　単元や題材を通して，児童生徒に各教科等の何を学ばせたいか（各教科等の特質に応じた資質・能力）を整理して記入するようにした。
　　⇒「何を学ぶか」
・　児童生徒が資質・能力を身に付けるために，どのような学びの姿を目指すかを

記入するようにした。

⇒「何ができるようになるか」

・　単元や題材を通した学習活動の展開の概要を記入するようにした。

⇒「どのように学ぶか」

・　単元や題材で目指す学びの姿を実現するための学習活動や手立ての工夫について概要を記入するようにした。

⇒「どのように学ぶか」

・　単元や題材の全体像を把握するために必要十分な情報が1枚の紙面（A3判）に収まるようにした。

(2)「授業計画シート」作成の手続き

「授業計画シート」を作成する際の手続きや留意事項は次のとおりである。

＜作成に必要な資料を準備する＞

☐　**年間指導計画**
・　作成する単元や題材のモデルとなる指導計画
・　単元（題材）配列一覧表

☐　**学習集団を構成する児童生徒の個別の指導計画**

☐　**学習指導要領**

※　その他，児童生徒の実態把握や指導及び支援の検討に活用し得る資料がある場合は，適宜準備する。

＜資料を基に単元や題材の構想を膨らませて，各項目を記入する＞

ここでは，「授業計画シート」の主な項目（前出の図のア〜カ）について，記入する内容や留意事項を示す。

ア　『単元・題材の全体目標』欄

・　単元や題材の全体を通して，児童生徒にどのようなことができるようになってほしいか学習集団としての共通目標を記入する。

・　年間指導計画に示してある単元や題材の目標を基に，学習集団の実態に即した目標を設定する。

イ 『個人目標』の欄

- 『単元・題材の全体目標』とのつながりを考慮しながら，児童生徒一人一人の実態に即した具体的な目標を記入する。

ウ 『学習指導要領との対応』欄

- 単元や題材で児童生徒に学ばせたい各教科等の内容を，年間指導計画に準じて整理する。
- 知的障害者である児童生徒に対する教育を行う特別支援学校の各教科については，段階別に内容が示してある。そこで，年間指導計画に示してある各教科等の内容を基に，学習指導要領で系統性を確認しながら，児童生徒の実態に応じた段階の内容を選択して記入する。

エ 『できるようになってほしいこと（姿）』欄

- 単元や題材の中で実施する授業で，どのような児童生徒の姿を目指すか記入する。
- 「何を学ぶか（主に各教科等の内容）」という視点と，「どのように学ぶか（学び方）」という視点をもって，具体的な学びの姿を記入する。
- 『個人目標』の達成状況を評価するための規準としての役割を担う。

オ 『学習活動』欄

- 単元や題材の目標を達成するために，どのような学習活動を，どのような順序で設定するか記入する。
- 学習活動の文脈や指導する内容のまとまりごとに「次」に分けて授業時数を配分する。

カ 『本校の児童生徒に育てたい資質・能力を育てるための工夫』欄

- 各学校が，児童生徒の実態等を踏まえた上で育てたいと考えた資質・能力（「本校の児童生徒に育てたい資質・能力」については，第3章を参照）を，授業を通して育てるために，どのような学習活動や手立てを設定しようと考えたか記入する。
- 授業ごとの工夫や，単元や題材の全体を通した工夫など，様々な視点で検討を行う。
- 「授業計画シート」の作成段階では，具体的な工夫のイメージがあるものを記入する程度に留める（作成時間の短縮や，実践の中で適宜追記・修正を行うことを踏まえて，単元や題材の全体にわたって詳細に記入することは求めないようにしている）。

第4節　授業研究・授業ミーティングの取組

1　授業研究とは

　「授業研究」という言葉を知らない教師はいないと断言できるほど，教育現場において授業研究という言葉は浸透している。しかし，一言で授業研究と言っても，様々な目的や方法があるのが実際であろう。

　授業研究を行う大きな目的は二つある。一つは，日々の授業における児童生徒の学びをよりよいものにしていくという目的である。そのためには，授業や教授法を画一的なものにしていくのではなく，授業研究の中で児童生徒一人一人の実態から，指導内容や教材・教具，発問，場の設定などの適切性について分析，検討を行うことが必要である。もう一つは，教師の授業力向上を目指すという目的である。授業者だけでなく，参加した教師においても授業力や子どもの学びの姿を見取る専門性を高めていくことが重要になってくる。授業研究は，児童生徒の学びにとっても，教師自身の学びにとっても，極めて重要な取組と言える。

　さらに，新学習指導要領においてキーワードになる「資質・能力」，「主体的・対話的で深い学び」，「カリキュラム・マネジメント」の実践をこれから更に充実させていくために，授業研究が中核となることは間違いない（図2-1）。

図2-1　授業研究の役割

2　授業研究で大切にしたいこと

　授業研究を充実させていくためには，"何のために"行うのかを明確にすることが大切である。「授業を良くしたい。」のような抽象的な目的よりも，「子どもがもっと思考する授業にしたい。」，「子どもが生き生きと主体的に学びに向かう授業にしたい。」のように目的を明確にすることが大切になる。この目的を明確にした上で，次のア～エを踏まえた授業研究になるように工夫を講じていきたい。

ア　全員が参加し，教師同士が学び合う授業研究（同僚性）

　　特別支援教育では，授業を複数の教師で担当することが多い。授業研究会で多くの教師が発言することは，一人一人の教師がもっている子どもの情報を交換することであり，子どもを多面的に理解することにつながる。ベテランから若手まで経験に関係なく授業の見方や考え方などを出し合うことで，互いに学び合う機会にもなる。

イ　授業づくりの視点が共有されている授業研究（共有性）

授業づくりの方法や授業で目指す姿などが学級や学部で異なると，授業研究会で話を共有することが難しくなる。そこで，学校全体で授業づくりの方法を整理してまとめたり，学校や学部で目指す姿を共有したりしておくことが重要になる。

ウ　進め方やルールが明確な授業研究（機能性）

授業研究会の進め方やルールが実施のたびに異なると，参加した教師はどの場面で何を発言したらよいか分かりにくい。このような事態を防ぐために，学校全体で授業研究の進め方やルールを決めておくことが重要である。

エ　効率的・継続的・効果的な授業研究（効率性）

教師という仕事は，子どもが下校した後も，会議や学級事務，授業準備などに追われ，集団での授業研究の時間を十分に設定することが難しい。そのため，授業研究は計画的に，かつ効率的・効果的に実施できるように，参加する人数や範囲，授業研究に掛ける時間などを工夫する必要がある。

3　次の授業につなぐために

授業研究を行う際に気を付けなければいけないことが，実施した授業について「あの場面ではあの支援ではなくて，こうした方がよい。」といった教師の反省に終始する授業研究になってしまうことである。そうならないためには，授業研究の中心を子どもの学びの姿にすることである。経験が違う教師が参加している授業研究会だからこそ，多くの視点で授業中の子どもたちの学びの姿を見取ることができる。その姿から「なぜ」という視点で学びの姿の背景を分析していくことで，具体的に「次の授業ではこうしよう。こんな教材・教具を準備しよう。」といった改善案を見いだすことができるのである。学びの姿を見取り，その背景を分析することこそ，次の授業につなぐ授業研究にとって欠かせないものであると言えよう。授業研究の意図を明確にし，次の授業につなぐために本校で用いている用紙を図 2-2 に示す。

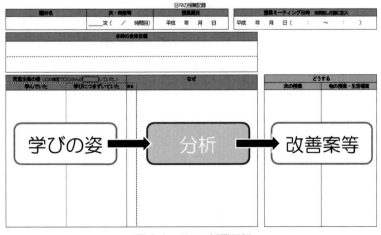

図 2-2　日々の授業記録

4 「二人で 20 分」が魅力の授業ミーティング

　本校では，図2-3のように目的に応じて複数の形で授業研究を行っている。ここでは，学びをつなぐために中心的な役割を果たしている授業ミーティングについて詳しく述べていきたい。

　授業ミーティングの目的は，資質・能力を育成するために，日々の授業を連続的に評価し，次の授業につなげていくことである。授業ミーティングの中で話される内容は，子どもが主体であり，資質・能力の視点で捉えた授業での学びの姿である。その学びの姿から，子どもの育ってきている力や課題となることを分析することで，次の授業や他の教科等で行う活動や支援内容を考えることができるようになっている。二人でできて，20分で終わるので，日々の授業を複数の視点で，連続的に見直すことができるところが，この授業ミーティングの大きな魅力である。

一人で実施

○　担当者の都合に合わせて，いつでも実施できる。
○　同時期に複数の授業の検討を行うことができる。
▲　担当者任せになる部分が多く，取り組み方（記録の取り方や検討内容など）に差が出る可能性が大きい。

一緒に授業をする教師同士で実施

○　日程調整が必要な教師の人数が少なく，比較的実施しやすい。
○　同時期に複数の授業の検討を行うことができる。
○　同じ授業を担当する教師同士が意見交換しながら検討できる。
▲　グループで取り組み方に差が出る可能性がある。

学部の全教師を中心に実施

○　複数教師で検討することで，検討する内容の妥当性が高まる。
○　教師間で共通理解を図りやすい。
○　互いの実践を基にした教師同士の学び合いの機会になる。
▲　実施するために全員の都合を合わせる必要がある。
▲　児童生徒の学びの姿等を共有するための資料が必要である。
▲　検討できる授業の数（回数）に限りがあり，すべての授業で実施することが難しい。

図2-3　参加する人数の違いから見る授業研究の特徴

　さらに，単元（題材）の一連の授業を，授業ミーティングを通して連続的に評価していく（図2-4）ことで，目標の達成状況だけでなく，資質・能力の育ちを把握し，次に必要な学習活動や支援を行っていくことができる。蓄積した授業ミーティングの記録は，最終的に単元（題材）の評価をする際の根拠として重要な役割を担うことにもなる。

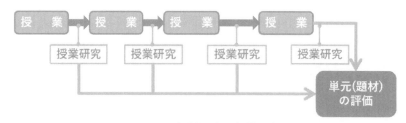

図2-4　連続的に行う授業研究

5　授業ミーティングの実際

　ここでは，授業ミーティングのマニュアルを基に，具体的な進め方を示す。

(1) 準備するもの
　○　単元（題材）の計画や個別の指導計画
　○　日々の授業記録（図2-5）
　○　学習指導要領や年間指導計画（必要に応じて）

(2) 授業ミーティングの進め方

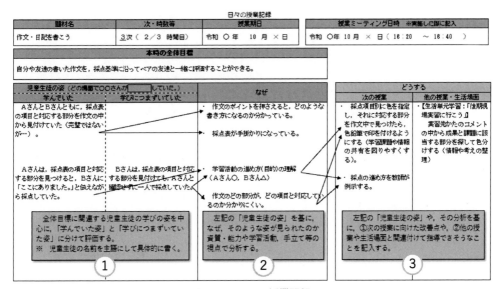

図2-5　日々の授業記録

①　学習状況の評価：【児童生徒の姿】

　　本時の全体目標に沿った児童生徒の学びの姿を中心に「学んでいた」又は「学びにつまずいていた」の欄に記述する。

< point >
　・　「誰が」，「どの場面で」，「どのような様子だった」のかを具体的に記述する。
　・　「～できた。」，「～できなかった。」と評価をすることはNG！

　　　　　　　　　　　　　　例：「○○さんが～のときに□□していた。」

② 学びの姿の分析：【なぜ】

　①で取り上げた学びの姿について，その理由を分析し，「なぜ」の欄に記述する。
　< point >
　　・　児童生徒がどのような資質・能力を身に付けたり，発揮したりしていたか
　　　の視点で分析する（学びにつまずいていた姿も同様に分析）。
　　・　学習活動や場の設定，支援や手立ての視点での分析も大切にしたい。

③ 次の授業に向けて／他の授業・生活場面との関連：【どうする】

　②の分析を踏まえて，次の授業の方向性や他の授業や生活場面で関連させて取
り組めそうなことなどを検討し，「どうする」の欄に記述する。
　< point >
　　・　他の授業や生活場面での関連については，教科等横断的な資質・能力の視
　　　点で，関連や支援・手立ての活用を考えたい。
　　・　必要に応じて指導計画の評価も行い，適宜加除・修正を行う。

Column3

知的障害教育における
教科等横断的な視点と教科内容の縦のつながり

　学校教育法第72条には，特別支援学校の目的として「準ずる教育を施す」，「障害による学習上又は生活上の困難を克服し自立をはかるため必要な知識技能を授ける」の2つが挙げてある。「準ずる教育を施す」とは，通常の学校とほぼ同様な教育を行うことを意味し，「障害による学習上又は生活上の困難を克服し自立をはかるため必要な知識技能を授ける」ために特別支援学校には「自立活動」の領域が存在する。同様にこの条項には，特別支援学校の対象となる障害種として知的障害，肢体不自由，病弱，視覚障害，聴覚障害の5つが記載されている。5つの障害種において知的障害の特別支援学校の教育課程は他の4障害とは，異なる発展を示してきた。知的障害の教育課程は，その障害の特徴である知的発達の遅滞によるアカデミックな教育内容の習得の問題に対応するために，コアカリキュラムの影響を受けた「領域教科を合わせた指導」に基づく発展を遂げてきた。この考え方は，その後特別支援学校や特別支援学級の児童生徒の障害の重度化，重複化に対応する教育課程編成の大きな助けになってきた。

　その一方で「領域教科を合わせた指導」を進める中で，「分けない指導」といった考え方も提出されるようになり，「遊びの指導」，「日常生活の指導」，「生活単元学習」，「作業学習」といった指導内容と指導方法が一体化した授業形態の中で「領域教科を合わせる」といった視点がかすみがちになり，「評価」の視点があいまいに扱われる時期もあった。

　今回の学習指導要領改定におけるポイントであるカリキュラム・マネジメントは，教科等の教育内容の相互的な関係に焦点をあて，教育目標を達成するために教科等横断的視点で教育内容を組織的に構成し，PDCAサイクルを導入することを特徴としている。このことは，障害児教育関係者には一見「領域教科を合わせた指導」の授業づくりと共通したものと見えるかもしれない。しかし，PDCAサイクルの一環としての授業づくりと「生活単元学習」や「作業学習」に代表される「領域教科を合わせた指導」の授業づくりでは，その評価観と教育課程観が大きく異なる。評価によって授業や教育課程の改善を達成しようとするダイナミズムへの指向性が，前者において顕著である。教育課程を児童生徒，時代，地域によって変わっていくものであると捉えるとき，教科等の内容は，その時々の課題に応じて編集・総合される必要がでてくる。

　では，教科等の内容の縦のつながりは必要ないのであろうか。今回の学習指導要領改訂のカリキュラム・マネジメントは，問題解決的指向に強く影響されているように思われるが，私たちの生活は，直線的で問題解決的な側面だけではない。文化的で余暇の面でも豊かなものを指向するべきである。また問題解決のあり方にしても，決して一通りではない。このように私たちの生活や問題解決の選択肢を豊かなものにするためにも教科等の内容の縦のつながりは重要な錨の役割を果たすであろう。

　　　　　　　　　　　　　　　　　　　　　　　　　　　　　　　　　（肥後　祥治）

第5節 計画の評価

1 計画を評価することの意義

　本章第2節で述べたように，教育課程の編成主体は各学校である。田中（2013）は，「SBCD（学校を基盤としたカリキュラム開発：School-Based Curriculum Development）というカリキュラム編成の原理」が，今日に至る「教育改革を推進してきた」としている。また，SBCD の特徴として，スキルベック（Skilbeck, 1984）が規定した5段階を以下のように紹介している。

① 状況分析
② 目標の明確化
③ 教授−学習プログラムの設計
④ 教授−学習プログラムの解釈と実施
⑤ 教育評価

　ここで着目したい特徴が，⑤教育評価である。カリキュラム開発という用語は，計画し，実施することだけでなく，実践の評価及び改善の過程を含んでいる。

　わたしたちは，指導計画を作成する際，子どもたちの実態を的確に把握することで，より適切な指導目標や指導内容を設定できるとともに，学びの経過について見通しをもつことができる。しかし，子どもに教えようとしたことと子どもが実際に学んだこととが，必ずしも一致するとは限らない（教師の意図どおりに，子どもが学ぶとは限らない）。本章第4節で述べたように，授業研究を通して学びの姿を丁寧に分析するとともに，指導計画に立ち返り，成長や発達につながる道筋を描き直していくことが大切になる。湯浅（2008）は，「子どもに学びがどう成立しているかを常に吟味し，子どもの発達の可能性を十分に発揮させるような学習内容と指導形態等を研究する」ことの重要性を述べている。

　さらに，田村（2011）は，「カリキュラムは，毎年ゼロからつくるものではない。前年度までのカリキュラムとその検証結果を踏まえて，創り変えるものである。」と指摘している。つまり，新たな指導領域や単元(題材)を創造するといった側面よりも，子どもたちの学びの姿から，今ある計画を改善し，充実させていくことが重要になる。

　本校では，これまでの実践とこれらの考え方を踏まえ，「学校全体で目指す児童生徒像の実現に向けて，実施した授業における児童生徒の学びの姿から指導計画を評価し，日々の授業及び教育課程の改善につなげていく組織的・継続的な取組」としてカリキュラム開発を定義し，日々の実践に努めている。新特別支援学校学習指導要領では，カリキュラム・マネジメントの第二の側面として，その意義が述べられている。

2　年間指導計画の評価

(1)　授業づくりサイクルから教育課程編成サイクルへ

　授業づくりサイクル→教育課程編成サイクルをつなぐ資料として，本校では，教科等反省用紙を位置付けている（図2-6）。終了した単元や題材の総括的評価を行うことを目的にして，授業を担当した教師が学期末ごとに作成している。単元（題材）全体を通した子どもたちの育ちを確認するとともに，授業者が作成した指導計画を基に，次年度の実践に向けた評価を行い，改善の方向性を導き出している。

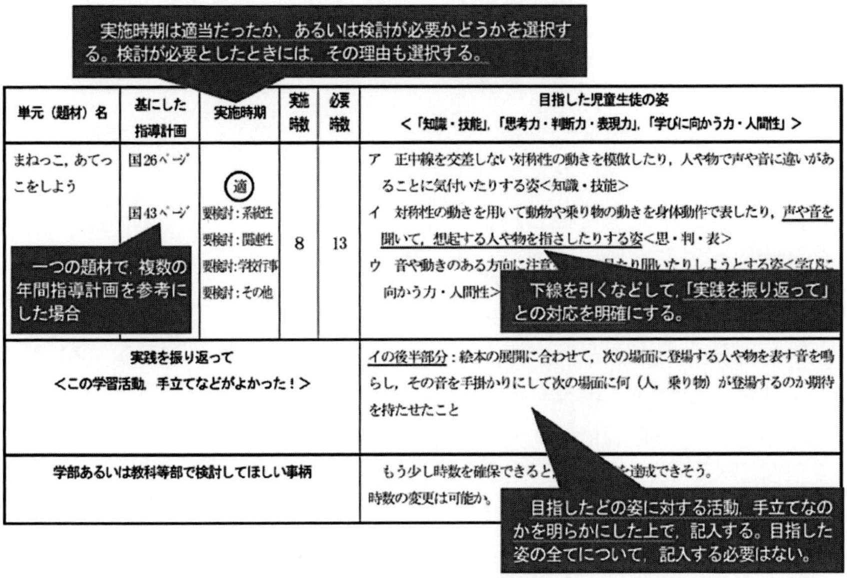

図2-6　教科等反省用紙の様式

　教科等反省用紙に記入する事項は，以下のとおりである。

【基にした指導計画】
　授業計画シート（p.27を参照）を作成する際，参考にした年間指導計画
　評価の対象になる

【実施時期】
　実施時期の適切さ

【実施時数／必要時数】
　実施時数（実時数）と次年度実施する場合に必要と考えられる授業時数

【目指した児童生徒の姿】
　単元（題材）の指導を通して達成を図りたい具体的な子どもたちの姿

【実践を振り返って】
　実践を通して有効と思われた学習活動や手立て

【学部あるいは教科等部で検討してほしい事柄】
　学部や教科等部で検討が必要と思われる事項（単元等で取り扱う教科の内容の適切さや指導体制の在り方など）

(2) 単元（題材）の総括的評価の進め方

　授業者が作成した教科等反省用紙を基に，各学部で実践の振り返りを行っている。実施した全ての単元(題材)についての評価事項を共有し，意見交換を行うことから，90分程度の時間を要する。限られた時間の中で円滑な協議ができるように，教師間で教科等反省に係る検討の進め方を共有している。

進め方①「目指した姿の達成状況を把握する」

　目指した姿と達成した学びの姿との差異について確認をする。

進め方②「学びの背景を分析する」

　達成した，又は，達成できなかった姿の理由について，意見交換を行う。理由として，以下のことなどが挙げられる。

ア　教育内容（単元等で扱う内容として適切だったか）

イ　学習活動や手立て（資質・能力を育むための工夫は子どもたちに合っていたか）

ウ　授業時数（子どもたちがよりよく学ぶ上で必要十分な時数だったか）

エ　関連付けた指導（他教科等との関連を図ることで更に工夫はできないか）

オ　その他（実施時期は適切だったか，指導体制に課題はなかったか）

進め方③「改善案を検討する」

　改善が必要な場合は，具体的な改善案について学部内で共通理解を図る。早急に改善が必要な場合は，改善のスケジュール（いつ，誰が，何を，どうするか）をその場で定める。

進め方④「話し合いの結果（記録）を残す」

　意見交換した内容を教科等反省用紙に朱書きするとともに，各教科の年間指導計画と一緒にファイリングする。

進め方⑤「縦割りの教科等部で共通理解を図る」

　各学部で検討した事柄について，学部を解いた縦割りの教科等部会で共通理解を図る。別日での設定になり，所要時間は45分程度である。

(3) 年間指導計画を評価する際の留意点

授業を担当する教師は，年間指導計画と個別の指導計画の双方を活用して，学習集団に応じた単元（題材）の指導計画を作成する（図2-7）。つまり，単元（題材）の指導計画は，学習集団の実態に応じて年間指導計画を更に具体化した計画になる。知的障害特別支援学校では，学びの特性や学習状況などの個人差が大きいことから，同じ年間指導計画を参考にした場合

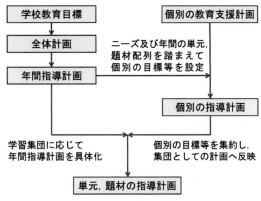

図2-7　単元，題材指導計画作成までの流れ

であっても，実施する学習集団によって指導計画の内容が異なってくる。一方の学習集団に適当な計画であっても，他の学習集団には全く適さないということが考えられ，小・中学校などに比べて不確実性は高いと言える。

このような学校組織の特徴を背景にして，教師からは，「自身の実践だけで年間指導計画を評価してもよいのか。」といった不安の声が聞かれる。確かに，年間指導計画は様々な子どもたちの学びの姿を想定した計画であり，特定の実践をもって年間指導計画の適切さを検証することは望ましくないのかもしれない。しかしながら，教師一人一人の実践する授業こそが，年間指導計画を評価し，改善を図る唯一の根拠になる。前述したように，わたしたちが大切にしていることは，子どもたちの学びの姿から，今ある計画を改善し，充実させていくことである。本校では，教師一人一人の実践及び授業で見られた子どもたちの学びの姿を根拠にして年間指導計画を評価できるように，以下の３点を確認している。

ア　全職員の共通理解の下，教科等反省用紙を活用する。各自の実践について，共通の観点及び視点から評価を行うことができるようにする。

イ　実践の結果をまとめた教科等反省用紙を３年程度蓄積する。複数の実践で得られた知見を根拠にして，年間指導計画の評価及び改善を行うようにする。

ウ　授業者がまとめた評価事項を基に，改善の方向性等について教師間で意見交換を行う。その際，個人の意見としてではなく，集団の意見として収束を図ることで，年間指導計画の評価及び改善につなげやすくする。

Column4

子どもの学びの姿を見取る精度を高めていくために

　カリキュラム・マネジメントの展開におけるカギは，PDCAサイクル機能させることであるが，このサイクルの心臓部にあたるのが授業研究である。また，授業の場で「子どもの学びの姿」を見取っていく精度を高めていく上で，授業研究は重要な役割を担うことは間違いない。では，授業研究を重ねていけば，「子どもの学びの姿」の見取りの精度は上がっていくのであろうか。私の答えは，「否」である。このことを議論するには，どのような視点で授業研究を行うかが重要となる。

　従来の授業研究においては，図に示した教授学習過程のモデルで理解されることが多かった。このモデルの特徴は，教師の予定した学習内容が子どもによって理解されたか否かという点を検討する上で有用であったと考えられる。しかし，実際の授業の場では，一人の教師と一人の子どもとの

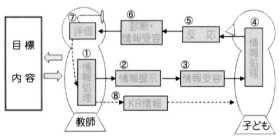

教授学習過程（坂元，1976）より作成

情報交換（相互作用）だけではなく，子どもと子ども間における情報交換（相互作用）もあり，また教師は，授業で目標とする内容以外の反応や行動に対しても指示や対応を行っている。このことは，授業の場面で子どもが教師の準備した学習内容以外のことも学んでいることを示す。

　「学ぶ（学習）」とは，決して「適切な行動」を習得することだけを指す言葉ではない。心理学の世界では，ある行動の出現頻度が増加することを「学ぶ（学習）」と捉えている。つまり私たちが「不適切な行動」と一般に称する行動も学んだ（学習）結果であると考えるのである。特別な教育的ニーズをもつ子どもたちは，教師から意図的，又は意図せず提供された情報（刺激）や周囲から受け取った情報（刺激）に対する解釈の幅が広く，それらに対する彼らの反応や行動も教師の想定や適切性の規範を超えるものであることが少なくない。このような場面で対応を選択しなければならない教師は，本来目的とした教育内容以外の反応や行動を子どもに学ばせる危機に直面する。

　通常，上記のような子どもたちの「学びの姿」を想定する授業分析は，あまり見受けられない。しかし，実際の授業の場をのぞいてみると教師の設定した目標・内容の学習が進む傍らで，机に伏せている子ども，席を立っている子ども，ボーッとしている子ども，教師と言い争っている子どもなどが存在するのも事実である。このような状況に授業研究によって切り込んでいくためには，授業場面で子どもは，教師の提供する学習内容以外も「学ぶ」という前提のもとに授業研究を再建していく必要を感じている。その基礎になるのは，授業分析に行動分析の手法を導入することだと，考えている。

（肥後　祥治）

＜引用・参考文献＞
坂元昴（1976）教育工学の原理と方法，明治図書新書

Column5

学校の組織づくり

　学校という組織がもつ特徴は何か。その１つは，教師が自らの専門性を高めるための学びを展開する点にある。子どもの学びを生み出す，その大人たちの学びを生み出す，という構造だ。実は，「構成員の学びをどのように生み出すか？」という問いは，学校に限らず，近年，様々な組織論の関心事となっている。専門的な学習共同体やチーミング等といった組織論では，そのための要件などを提示している。

　話題を学校に戻そう。学校とは，子どもたちを教え導き，彼らの学びを生み出し，寄り添い励ます人々（教師）の集団である。教育の目標や内容，方法，用いる道具や環境，教授一学習の時空間には不易と流行とがあり，教師の人生は，常に，その継承と開発の狭間にあると言ってよい。その狭間に生きるものとして，日本の教師は，今や世界に名だたる学校文化である授業研究を主な舞台とし，発問や板書といった教育技術の継承と開発を，世代を超えて重ねてきた。また，目標や内容について議論や検討を重ねながら教材研究の深化を図り，その継承と開発を重ねてきた。こうした，ある種の徒弟的な学びの重要性はこれからも変わらないだろう。

　しかし，それだけでは不十分である。未曾有の劇的変化が進展し，自己の（教師）人生において，経験の乏しいことや未経験のことを教え，子どもがそれらについて学ぶための実践を開発・創造することが，更に求められる時代が到来しているためだ。

　カリキュラム・マネジメントの３側面においても類似の言及がなされているが，教師が自己の経験だけに頼って実践を開発・創造したり，学校内だけの人的・物的資源のみに頼ったり，熟慮を伴わず計画や実践を積み重ねたりするだけでは，未曾有の変化に立ち向かうことは困難であろう。教師が同僚性を高めながら変化の激しさに対するしなやかさ（レジリエントな組織状態）を構築し，継承のみならず新たな実践の開発や創造に組織的に取り組み，そのなかで構成員が創造的な学びを展開する。そのシステム（仕組み）を学校内にどのように構築するか。その事例が，本書の附属特別支援学校である。授業だけではなく教育課程という組織的なレベルでの教育活動を改善する取組み。そして，個々の授業実践を振り返りつつ対話を重ねることを通して学校内の教師が学び合う取組み。この２つを連動させたシステムを作り上げている点に，学校の特色がある。

　そして，カリキュラムの開発に教職員全員が関わり，子どもの姿をもとに，対話によってその妥当性を検討しながら，明日の実践を，そして翌年の計画の資源となるアイデアや留意点を記し残している。教師のカリキュラム開発に関する力量を，組織的に，実践しながら形成している学校である。今後は，こうしたシステム（仕組み）をどのように校内に築き上げるか。そして，学校間，行政と学校の間で整合的なシステムを構築できるかが，カギとなる。変化の激しさに，教師個々人が孤独に立ち向かうのだろうか。学校単独で立ち向かうのだろうか。それとも…

　我々は，その岐路に立っている。あなたは今，どの道を歩みはじめているだろうか？

（廣瀬　真琴）

第 3 章

資質・能力を育む
授業実践

本校の児童生徒に育てたい資質・能力

1　知的障害教育における育成すべき資質・能力

　新学習指導要領において育成を目指す資質・能力（第1章第2節）が示され，本校において，始めに取り組んだことが，「本校の児童生徒に育てたい資質・能力」の整理であった。特別支援教育では，これまでも各教科等の目標の達成を目指して，一人一人の子どもの障害の状況や生活上の課題に応じて，個別の指導計画において具体的な指導目標を設定して日々授業実践を行ってきた。新学習指導要領で示された育成すべき資質・能力についても，個に応じて育成していくことが求められている。

　学習指導要領第1章第3節の1にあるように，教育課程を編成していく上で，「学校として育成を目指す資質・能力が明確であること」と述べられている。そのために，各学校において育成を目指す資質・能力を，子どもの実態や取り巻く環境等を考慮しながら，具体的にどのような力であるかを考え，各学校で具体的な姿として描いていくことが求められている。

2　本校の児童生徒に育てたい資質・能力を整理する手続き

　本校では，児童生徒に育てたい資質・能力を整理するに当たって二つの視点から整理することにした。図3-1に示すように，一つは，本校の教育課程から，これまでにどのような児童生徒の育成を目指していたのかという視点。もう一つは，私たち教師が育てたいと思い描く児童生徒像や社会から求められる力という視点である。

　このようにして整理した「本校の児童生徒に育てたい資質・能力」は，小学部から高等部まで12年間の教育を見据えたものである。授業づくり等で目指す姿の指標としては，具体性に欠けるため，本校では，更に細かく各学部の児童生徒の実態に合わせ，具体的な姿を整理したものを作成している（表3-1）。学習指導要領が資質・能力の三つの柱で内容が整理されたのを受けて，本校の児童生徒に育てたい資質・能力との関連を表3-2に示す。

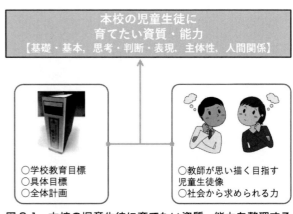

図3-1　本校の児童生徒に育てたい資質・能力を整理する手続き

表 3-1　本校の児童生徒に育てたい資質・能力

		基礎・基本	思考・判断・表現	主体性	人間関係
本校		一人一人が各教科等の内容を身に付けること	一人一人が，今やこれまでの学習で身に付けた力を適切に選択したり，組み合わせたりしながら思考，判断して，課題を解決し，それを自分なりの方法で表現すること	一人一人が学習の主体者として，進んで学習活動等に取り組むこと	共に学ぶ仲間と適切に関わりながら学習活動に参加することや，学習活動を通して一人一人が身に付けている力を発揮し合いながら課題を解決したり，互いの力を更に高め合ったりすること
高等部	学部で目指す姿	各教科等の内容を身に付け，社会生活に必要な力を高める姿	必要な情報を自ら活用したり，組み合わせたりして，社会生活の中で生かせる方法で自分の考えを伝える姿	将来の姿を見据え，自分のよさや課題を理解し，具体的な目標をもって生活しようとする姿	社会生活の中で，自分の考えを相手に伝えたり，相手の考えを取り入れたりしながら協働する姿
高等部	授業で目指す姿		自分がもっている知識や，情報機器等の道具を活用しながら得た新しい知識を生かして，自己選択・自己決定し，自分の考えや思いを伝えたり，表現したりする姿	今の自分に必要な事柄に興味・関心を広げたり，自分の課題に気付いて具体的な目標を設定したりして，身に付けたことを生かして学習に取り組む姿	集団の中で，自分らしさを発揮したり，周りの人に合わせたりしながら，役割を果たし，いろいろな人と協力し，学び合う姿
中学部	学部で目指す姿	各教科等の内容を身に付け，集団生活に必要な力を高める姿	必要な情報を取捨選択し，集団の中で自分の考えを伝える姿	集団での自分の役割を理解し，身に付けた姿を生活や学習に生かそうとする姿	身近な集団の中で周囲の人と関わりながら，協力したり他者の考えに触れたりして互いの考えを認め合う姿
中学部	授業で目指す姿		これまでの学習や生活経験を基に，自分なりに気付いて考えたり，判断したりしながら，表現を工夫して，集団の中で考えや思いを伝える姿	自分のできることや，よさに気付き，自ら人や物，環境に働き掛けながら課題に取り組む姿	友達の意見を聞いたり，役割を担ったりしながら，学び合う楽しさを味わい，周囲の人と協力して活動に取り組む姿
小学部	学部で目指す姿	各教科等の内容を身に付け，日常生活に必要な力を高める姿	保有する諸感覚を活用しながら，自ら考え，判断し，教師や友達に必要な事柄や自分の思いを様々な方法を用いて伝える姿	できることを積み重ね，達成感を味わいながら，興味・関心の幅を広げ，身近な物や出来事に自分から関わろうとする姿	集団生活の中で役割を発揮し，満足感や充実感を味わいながら，自分から人や物，環境に働き掛けながら，やりとりする姿
小学部	授業で目指す姿		教材・教具の操作を通してできたことを実感し，できたことを教師や友達に表情や身振り，言葉などで伝える姿	興味・関心のある教材・教具を操作し，課題に取り組む姿	設定された環境の中で共に活動する楽しさを味わい，教師や友達への興味・関心を高めながら，物や課題などを通してやりとりする姿

表 3-2　本校の児童生徒に育てたい資質・能力と資質・能力の三つの柱との関連

本校の児童生徒に育てたい資質・能力	＜新学習指導要領＞ 育成すべき資質・能力の三つの柱
基 礎 ・ 基 本	①　何を知っているか，何ができるか （知識・技能）
思考・判断・表現	②　知っていること・できることをどう使うか （思考力・判断力・表現力等）
主 体 性 人 間 関 係	③　どのように社会・世界と関わり，よりよい人生を送るか （学びに向かう力・人間性等）

Column6

学びの姿と授業研究〜子どもの学びから始めるよさ〜

　子どもの姿を基に授業研究を展開することのよさは何か。そして，どのようなシステム（仕組み）を築けばよいか。まず，前者について，教育的鑑識眼と，カリキュラムの正統性及び妥当性という，2つの観点から迫りたい。教育的鑑識眼という言葉は近年，日本でも再注目されている。教師の専門性の中核は子どもを見とる点にあり，見取りとはすなわち，子どものしぐさ，つぶやき，語り，視線や表情といった姿を，授業や学校生活，そして時には家庭や地域の環境といった，彼らの生活の文脈から解釈したり，意味づけたりする思考や行動である。教育的鑑識眼は，美術の鑑識（眼）の例に倣えば，様々な情報（子どもの姿）に対して，豊かな知識や経験を基に，その意味や意義を解釈・評価していく眼のことである。

　筆者が目撃した例を，教師との振り返りの語りを踏まえつつ，紹介しよう。「子どもが2回，授業中に，手を挙げた」。出来事を行動として記述すればこうなるが，授業や学校生活や子ども理解に基づいて，子どもの行為を解釈したり，意味づけたりすると，次のようになる。

　　挑戦が推奨されている学級内において，苦手な算数の授業場面で，自信がないながらも挙手したA君を指名し，彼の回答を学級内で共有した。解答は間違っていた。それを聞きながら，誤答を笑わず，彼から皆の学びを深めるにはどうしたらよいかについて考え，計画を微修正する教師。「A君の答えは間違ってるってみんな言うけど，全部間違っているの？」とたんに教室は静まり返り，子どもたちはA君の答えと自分の答えを見比べたり，友達と対話を始めたりした。そうすると，全部間違ってはいない，考え方は自分と一緒だと，教室内につぶやきが広がり，A君は笑顔を見せた。授業の終末場面で，A君が再度挙手した際，たくさん手を挙げている他の子どもではなく，まさにその彼を指名することに決めた教師。子どもたちも不満を口にせず見守る。またも正解ではなかったが，「さっき答えたときよりも，算数の式や数字を使って回答できていた。勇気をもって学んだことを伝えてくれて，先生はうれしいよ」と，この時間に彼が学んだこと，理解したこと，そして挑戦した姿を学級目標から教師が意義付けると，学級内に，彼の行為の尊さを認め学ぶつぶやきが生み出されていった。授業って，みんなで学ぶってこういうことだよねと，自己確認するようにつぶやいた教師の言葉に，ほほえみを返す子どもたち…。翌日，A君のノートを見ると，

その日の算数の宿題は，いつもより力強く，太い字で書かれていたという。教師は，3問すべてに，いつもより大きめの丸をつけた。

　大学教員が参観する中，もし授業を無難に進めようとすれば，算数のよくできる子を指名し，教師の意図通りか，それに近い発言を引き出していくこともできるだろう。けれども，教師はそうは

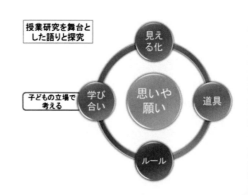

しなかった。展開としては，Ａ君を含め，多くの子どもが算数的にも、関係的にも学びを深めた。鑑識眼が機能したのだろうと，授業を見た筆者は思った。

　授業研究において，Ａ君のような子どもの姿を具体的に取り上げて，その姿の背景について多角的に解釈を展開し，教員間で互いの見取りを共有していく。解答を間違い，内容を理解できていないＡ君，勇気をもって挑戦しているＡ君，学級の学びを生み出していったＡ君など，多様な解釈がありえるし，それらはどれも間違いではない。同じ姿をどのように解釈したか，子どもの姿の見取りを共有する。そして時に，そうした姿の背景について子どもの立場に立って推察し，「自分がＡ君だったら，どういう気持ちになったか。どうしてほしいか」を想像しながら，教育実践の批評的で創造的な対話を繰り広げる。こうした取組みを継続することにより，互いの鑑識眼を磨き高め合うことができる。

　このように，指導技術や個々人の経験から授業について語るのではなく，子どもの姿を主語にし，子どもの姿から授業について語ることで，いくつかの極端な偏りを解消できる。それは，子ども不在とした技術論や教材論への極端な議論の偏り，一部の教員のみが議論に参画して多くの傍観者が時間的に生じるという参加者の偏り，技術や知識に対する評価を参加者から受けて授業者一人が大勢から学ぶという学習者の偏り，である。徒弟的な学びでだけではなく，民主的な学びを学校内に築くことに資する解消だ。先ほどの事例のように，教師の思いや願いを中核に据えながら，同僚が民主的に学びあうために，互いの見取りを見える化する。そのための付箋などの道具と，その道具の使い方（一人１枚付箋を読んだら次の人が読むといった活動の進め方等）や対話のルールを工夫することで，授業研究を語りと探求の舞台とするシステム（仕組み）を築くことができる。その具体例は，『特別支援教育の学習指導案と授業研究』（2013年，ジアース教育新社）を参照されたい。

　次に，カリキュラムの正当性と妥当性の観点である。その賛否は議論があるとして，わが国にはナショナルスタンダードともいえる学習指導要領が存在している。こうした学習指導要領に基づいているか（正統性）と，学校を基盤として子どもたちの実態に即したカリキュラムを開発しているか（妥当性）の２つの視点を軸とした図を作成した。

　この２つの視点を満たす象限を目指そう，各学校がシステム（仕組み）を作り上げる必要がある。子どもの学びの姿から，授業について，そして学校のカリキュラムについて対話を重ねる教師集団は，換言すれば，学校のカリキュラムの妥当性を検討するシステム（仕組み）を作り上げていることになる。こちらの具体例には，本書に記されている学校の取組みを参照して頂きたい。　　　　（廣瀬　真琴）

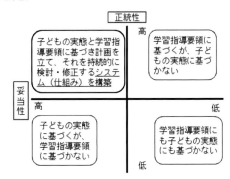

実践の見方

　ここからは，本校のカリキュラム・マネジメントの取組について，授業をどのように計画，実施し，児童生徒の学びの姿から日々の授業や教育課程の評価，改善にどのようにつなげているか，いくつかの実践を通して紹介する。本節では，各実践を読む際のポイントになるところを示す。

教科等名	学部

授業の中で育てたい資質・能力や目指す姿

単元（題材）名

　　　　　➡　各実践のタイトル。授業の中で育てたい資質・能力や目指す姿，単元（題材）名，実施時期，学部・学年を記している。

1　実態

　授業者の子ども観に基づきながら，本単元（題材）に関連する児童生徒の実態や既習経験などを記述している。実践によっては，集団としての実態だけではなく，個に焦点を当てて記述している場合もある。

2　単元（題材）の目標

（1）全体目標

　モデルとなる年間指導計画と児童生徒の実態等を照らし合わせ，各教科等の目標や内容から集団全員の共通目標として述べている。実際は，全体目標を受けて，児童生徒それぞれの個人目標を設定する（本書での掲載は割愛）。

（2）目指す姿（資質・能力）

目指す姿 <知識・技能，思考力・判断力・表現力等，学びに向かう力・人間性等>	
○ ○	単元（題材）を通して，育てたい資質・能力の視点でどのような姿を目指すかを想像し，具体的な姿で記述している。単元（題材）終了後の総括的評価を行う際に，学習指導要領に示された各教科の目標の達成状況について把握できるようにするために，ここでは学習指導要領で示されている資質・能力の三つの柱を視点として目指す姿を記述している。

3　単元（題材）の指導計画（全〇時間）

学習指導案における指導観や指導計画に相当する内容。授業者が目標や目指す姿を達成できるようにするために，次構成ごとにどのような学習活動や支援を行っていくか述べている。

4　本時（〇／〇　第〇次）　◀ 〇時間目／総時数（次）

（1）前時までの学習の様子

本時に至るまでの児童生徒の学びの姿や学習活動及び手立てなどについて説明している。また，児童生徒の学びの姿から日々の授業改善に生かす取組（授業ミーティング）についても具体的に紹介し，前時からの改善点を述べている。

（2）本時の全体目標

単元（題材）の中での本時の位置付けを明確にして，集団全員の中核的なねらいを児童生徒の立場で述べている。
当然，単元（題材）の目標より具体化され，〇時間目の目標として，一単位時間でねらえる目標になっている。前時までの授業ミーティングによる評価事項が目標に反映されている場合もある。

（3）実際

過程	学習活動	授業で目指す姿	具体的な手立て
導入	1　本時の目標を達成するために必要な学習活動とその過程。	・　育てたい資質・能力の視点からどのような姿で活動することを目指すか。 基・思	・　本時の目標を達成し，期待する姿を引き出すために，どのような手立てや学習活動の工夫を行ったか。
展開	2 3	第3章第1節で述べた「本校の児童生徒に育てたい資質・能力」との関連が分かるように， 基 ：基礎・基本， 思 ：思考・判断・表現， 主 ：主体性， 人 ：人間関係で示している。	
終末	4		

（4）学びの姿

目標や授業で目指す姿に対する学びの姿を記述している。その中で，これまでの姿と比べてどのような変容が見られてきたかや，「教科の見方・考え方」を働かせている姿，教科等横断的な視点で取り組んだ他教科等の授業の様子，前後の単元（題材）との関連についても述べている。

5　授業（教科等）反省から教育課程へ

本校では，実施した単元（題材）を教育課程の評価・改善につなげるために，第2章第5節に示した教科等反省用紙を用いて総括的評価を行っている。目指す姿や指導計画，学習活動，支援，手立てなどの評価を基に，具体的にどのようなことを学部や教科等部で検討したか，教育課程に反映しようとしたかについて述べている。教科等横断的な視点で横のつながりを見たり，順序性の視点で前後の単元（題材）との関連を考慮したりした事項についても記述している。

カリキュラム・マネジメントの実際

国語科 ｜ 小学部

保有する諸感覚を働かせ，生活経験と関連付けながら物と言葉を結び付ける

「もののなまえをあてようⅠ」（5・6月）

1　実態

　本学級の児童は，小学部1年生3人と2年生3人の学級集団である。1年生の3人は4月に入学し，新たな学習環境の中で教師や好きな物を支えにしながら集団での学習に参加している。2年生の3人は，集団での学習経験を積み重ねてきたことで，活動に見通しをもち，教師と一緒に場や学習内容を共有しながら，学習に参加することができるようになってきている。2～3語文でのやりとりができる児童から，身振りや指さしで要求を伝える児童まで，言葉に対する実態は幅広い。児童は，これまでの登下校の準備を通して，タオルやエプロンなど，身近な持ち物については名称と具体物が結び付いてきており，物の名称を聞いてその物を取り出したり，具体物を見てその名称を答えたりすることができるようになってきている。また，机や椅子，時計などの教室にある物についても，学習の中で使用したり，その物の名称を見聞きしたりする機会が増え，聞いたことのある物の名称も多くなっている。一方で，登下校の準備物以外の物については，物と名称が結び付いていなかったり，物の用途は分かっているが，名称と結び付いておらず，布団を見て「ねんね。」や鉛筆を見て「かきかき。」など，用途を表す言葉を答えたりする様子が見られる。

2　題材の目標
(1)　全体目標
　ア　身近な物を見たり，触ったりすることで，いろいろな物への興味・関心を広げ
　　　たり，物（具体物や半具体物）と名称を結び付けたりすることができる。
　イ　物の名称に興味をもって単語合わせをしたり，文字チップを使って物の名称を
　　　構成したりすることで，文字への興味・関心を高めることができる。

(2) 目指す姿（資質・能力）

目指す姿 <知識・技能，思考力・判断力・表現力等，学びに向かう力・人間性等>
○　いろいろな物の名称に興味をもち，物の名前を理解する姿<知識・技能> ○　見る，触るなど，保有する諸感覚を用いたり，生活経験と関連付けたりしながら，物と名称を結び付ける姿<思考力・判断力・表現力等> ○　イメージした物の名称を言葉や身振り，イラスト，文字カードを用いて伝えようとする姿<学びに向かう力，人間性等>

3　題材の指導計画（全7時間）

【第一次】

・　「りんごがころころ」の手遊び歌をすることで，言葉の響きやリズムに気付き，感じ取った言葉の響きを教師や友達と一緒に身振りや言葉で表現することができるようにした。

・　箱の中から取り出した果物の名称を当てる「あてっこゲーム」を行うことで，出てくる物への期待感を高めながら，見る，触るなど保有する諸感覚を用いて，物の名称を考えることができるようにした。

【第二次】

・　絵本『コロちゃんはどこ？』（エリック・ヒル作・絵，まつかわまゆみ訳，評論社，1984）の内容と関連付け，友達の前で教材を操作しながら，主人公の人形を探すことで，隠れていた物の名称を答えることができるようにした。

・　絵本『コロちゃんはどこ？』の絵本に出てくる生活道具のイラスト合わせをする活動を設定した。この活動では，児童が絵本に出てくる生活道具の名称を聞き，対応する生活道具のイラストを見付けることで，言葉から生活道具をイメージし，イメージした物と名称を結び付けることができるようにした。

・　教室にある生活道具を探す「○○探し」の活動を行うことで，生活経験から物をイメージし，その物と名称を結び付けることができるようにした。

4　本時（2・3／3　第二次）

(1) 前時までの学習の様子

　　前時では，拡大絵本『コロちゃんはどこ？』の読み聞かせを通して，絵本の仕掛けをめくり，隠れている主人公を探すことで，いろいろな生活道具の名称を考えたり，答えようとしたりすることができるようになってきた。また，絵本の内容と関連付けながら，主人公の家から主人公の人形を見付ける

主人公の家

学習活動を行うことで，人形が隠れていた生活道具の名称を答えたり，身振りで表現しようとしたりすることができるようになってきた。

(2) 本時の全体目標

ア　生活道具への興味・関心を広げながら，絵本に出てくる物の名前を考えたり，教室にある物を探したりすることで，物と名称を結び付けることができる。

イ　単語カードを手掛かりに物の名称カードを探したり，文字チップで構成したりすることで，文字への興味・関心を高めることができる。

(3) 実際

過程	学習活動	授業で目指す姿	具体的な手立て
導入	1　拡大絵本『コロちゃんはどこ？』の読み聞かせを見聞きする。	・　登場人物が隠れている物に注目し，物の名称を考えたり，答えたりする姿　[主・思]	・　仕掛け絵本の読み聞かせをすることで，登場人物が出てくるかどうかの期待感を高め，隠れている物のイラストに注目することができるようにする。
	2　学習のめあてを考える。 〇〇のなまえはなにかな？	・　いろいろな物の名称を考えたり，答えたりする姿　[主・思・人]	・　生活道具のイラストや具体物を提示することで，物の名称について考えることができるようにする。
展開	3　「コロちゃん」探しをする。	・　人形が隠れていた生活道具の名称を答えたり，指さしして伝える姿　[思]	・　絵本の内容と関連付けて，仕掛けのある主人公の家を提示することで，生活道具の名称を答えたり，身振りで表現したりすることができるようにする。
	4　教室にあるいろいろな生活道具を教師や友達と一緒に探す「〇〇探し」をする。	・　イラストと同じ物が教室のどこにあるかを探し，イラストからイメージした物と具体物を結び付ける姿　[主・思・人]	・　実際に具体物を触ったり，使ったりすることで，生活経験を想起しながら，名称と具体物を結び付けることができるようにする。
		・　物の名称が分かり，単語カードを手掛かりに名称カードを貼る姿　[基・思]	・　単語カードを提示し，単語合わせをすることで，物の名称と文字を結び付けることができるようにする。
終末	5　見付けた生活道具を友達の前で発表する。	・　物の名称を言葉や身振り，イラスト，文字カードを用いて伝える姿　[基・思]	・　選択肢を提示することで，名称カードを選んで名称を伝えることができるようにする。

(4) 学びの姿

　主人公の人形を探し，隠れていた物の名称を答える学習において，Ａさんは自信のない表情ではあるが，窓のイラストを見て「窓。」と答えたり，窓を指さしたりする姿が見られた。また，Ｂさんは，ドアのイラストに対して，「窓。」と答えていた。これらの姿から本時の「物と名称を結び付け，物の名称を文字カードやイラストを選んだり，物を指さして答えたりする」

教室の窓を指さして伝えるＡさん

という目標は，Ａさんについては達成，Ｂさんについては達成するまでには至らなかったと考える。授業ミーティングでは，Ａさんの姿に対して，少しずつ物と名称が結び付いてきているが，自信をもって自分の考えを表現するまでには至っていないこと，Ｂさんの姿に対しては，ドアと窓の違いが分からなかったのではないかという分析を行った。

　授業で目指した資質・能力に関する姿について，授業開始前のＡさんは，教師に物の名称を尋ねられると，自信のなさそうな表情で答え，自分の考えを伝えることに不安を示すことが多かった。しかし，学習を進めるにつれ，指さしや名称カードなどを用いて自分の考えに自信をもって表現するようになった。これは，「物探し」の活動の中で，イラストを見てイメージする物と具体物について，実際に具体物を手に取り，触ったり，使ったりしながら結び付けたことが，自信をもって指さしで表現する姿につながったと考える。また，Ｂさんは，物の名称を答える際に，「ねんね。」や「きんこんかんこん。」と用途を表す言葉を用いて名称を答えていたが，物にはそれぞれ名称があることを理解し，いろいろな物と名称を結び付けることができるようになった。さらに，友達が名称カードを選び，物の名称を発表する様子を見て，教室の中から時計を探し，「時計はこれです，ジャジャーン。」と紹介する姿が見られた。この姿から，友達の発表を聞くことへの意識が少しずつ芽生えてきたのではないかと考える。

　本単元における物と名称を結び付ける学習を通して，児童たちは，身の回りにある名称を知らない物への興味・関心を高め，「これなんて言うの？」と尋ねるようになった。また，保護者からは，家庭で食事をしている際に，添えられているレモンを見て，「これ，レモンって言うんだよ。酸っぱいんだ

発表を聞き，物の場所を伝えるＢさん

よ。」と酸っぱい表情をしながら伝えたというエピソードを聞くことができた。物を名称と結び付けるだけではなく，属性や用途などとも結び付け，物を多面的に捉えることができるようになったと考える。

5　授業（教科等）反省から教育課程へ

　本題材を終えて行った学期末の教科等反省について記載する。児童にとって身近な物に触れる，匂いを嗅ぐ，食べる，使うなど保有する諸感覚に働き掛けながら物と名称を結び付ける活動は，児童の学習に対する興味・関心を高め，意欲的に物と関わり，物の名称を答える姿につながった。これは，対象とそれを表す言葉との関係に気付き，いろいろな属性を統合させて物と名称を結び付けることができたからであると考える。よって，実際に本物の果物の匂いを嗅ぐ，触る，食べるなどの活動は有効であったと考える。また，題材の時期については，同時期に設定されている生活単元学習「なかまのいえにとまろう」で使用する布団や風呂などの物を本題材で取り扱い，生活単元学習の中でもイラストを見たり，物の名称を聞いたりして，泊まるために必要な道具を準備する活動を設定することができた。このことから，題材設定の時期として，この時期で望ましいと考える。時数については，児童の学びの姿に対して授業ミーティングを行い，学習活動を設定したため，計画を変更して時数を2時間追加したが，題材計画時にこれらを踏まえて学習活動を設定することができれば，当初の計画時数で妥当であると考える。さらに，家庭と連携しながら，家庭にある物についても，物探しや名称カードを貼る取組を行うことができたことは，児童の学びをつなげ，深めることができたのではないかと考える。

Column7

資質・能力の評価

　「出来がよい，わるい」といった言い回しがある。農産物といった生産物の出来高や工業製品の品質に対して，時には人の仕事や学業面などの業績，能力などに対しても用いられる。生産物などの出来高や品質にレベルが求められることは，理解できる。人や生物の命や安全にかかわるためだ。留意すべきは，人物評価としてこの言い回しを用いることである。大人にも，子どもにも，教育的ではない言い回しのためだ。

　しかし，教育においては長年，一定に超えるべきレベルに達しているかを筆記テストという偏った手法によってのみ判断することが評価であると捉えられてきた部分がある。ここには，2つの問題がある。それは，①一定に超えるべきレベル（評価規準と基準），その評価内容や方法に対する無批判な信奉，②子どものみへの原因帰属，である。教育の評価は，その子が未来に向かって変容していく存在であるとの前提に立ち，成長に資するように行われる必要がある。子どものパフォーマンスを評価するには，教師の視点に立てば指導しているということであり，子どもの視点に立てば，学ぶ機会や資源（教科書やノート，友達との交流など）が提供され，指導・支援を受けたということだ。こうした文脈に，子どものパフォーマンスは影響を受けるし，その影響を含みながら評価をしていることになる。

　つまり評価は，目標や方法と連動した一連のシステム（仕組み）として理解する必要がある。個別の指導計画や教育支援計画は，時間軸（短期・長期）と空間軸（学校，医療福祉，家庭等）によって，子どもの成長にかかる計画と改善過程を包括的に可視化するツールである。これらも上述した一連のシステムに位置づくものである。

　それゆえ評価で得られた情報の活用は，指導と子どもの学びの両側面に及ぶ。教師の視点に立てば，上記の一連のシステム（指導や支援の妥当性の確認や，更なる工夫，改善）につなげていく仕組みを構築する必要がある（指導と評価の一体化）。そして，子どもの視点に立てば，自身が自己評価を重ね，自己知，内容知，方法知を形成し，自己の学びや成長に関するモニタリングとコントロールを展開していく仕組みを彼らに提供する必要がある（自己評価）。

　留意すべきは，両者は，独立してはいないということだ。子どもたちの振り返りや相互評価の記録は，教師と子どもの双方にとって重要な学びの資源となる。こうした教育的な評価にするためのポイントがある。授業者と子どもの間で，資質・能力を含んだ評価規準や基準を共有，合意すること。ノート等の生産物，プレゼンテーションといった行為の丁寧な観察及び記述結果，更にはペーパーテスト等，評価物や場面を明確化すること。思考力・判断力・表現力が問われる課題解決のプロセスやゴール時において，必要な知識・技能の定着や，粘り強さといった非認知的能力（学びに向かう力等）を見とったり，自己評価させたり，相互評価させたりすること。子どもの学びを教師が価値付けたり，意義付けたりすることも重要である。これらを踏まえることで，教師と子どもは共に，学び手としての自己を確立していくことができる。　　　　（廣瀬　真琴）

生活で生かすことを目指して丁寧な言葉遣いを身に付ける

「相手に話そう」（6月）

1 実態

本グループの生徒たちは，自分が経験した出来事等を友達に話すことが好きであり，発表場面において，友達に伝わるように「大きな声で」，「大事なところはゆっくり」話すことを意識できつつある。しかし，発表以外の場面や日常生活では，相手を意識して話すことが難しく，先輩や教師に対して友達のような言葉遣いで話す様子が見られる。

2 題材の目標

(1) 全体目標

敬語の使い方に関心をもち，相手や場面にふさわしい挨拶や返事，言葉遣いをすることができる。

(2) 目指す姿（資質・能力）

目指す姿 <知識・技能，思考力・判断力・表現力等，学びに向かう力・人間性等>
○ 敬語の特徴を理解し，相手や場面に応じて使う姿<知識・技能> ○ 友達と一緒に話し合い，より伝わりやすくなるよう話し方を工夫する姿<思考力・判断力・表現力等> ○ 自分の言葉遣いを振り返り，学習したことを日常場面でも生かそうとする姿<学びに向かう力・人間性等>

3 題材の指導計画（全3時間）

敬語に関心をもち，相手や場面にふさわしい言葉遣いで話すことができるように，学校生活や実習場面で活用できる丁寧語を中心的に扱うようにした。

第一次では，教師のロールプレイを見て話し方の違いに気付いたり，敬語を使う必要性や敬語の特徴などを確認したりすることができるようにした。

第二次では，作業学習で用いる道具等を使うことで具体的な場面を想起しながら，上司役の教師に挨拶や報告，依頼を行うことができるようにしたいと考えた。また，お互いのロールプレイを相互評価することで，友達の助言を参考に，よりよい表現を身に付けたり，客観的に自分たちの言葉遣いを振り返ったりすることができるように

したいと考えた。

4　本時（2／2　第二次）

（1）前時までの学習の様子

語尾カードを選択する様子

　　教師同士のロールプレイを見て感じたことを発表する学習を行った。「乱暴な言葉遣い」，「友達の言葉遣い」，「丁寧な言葉遣い」のモデルを見て，話し方が適切かどうか○×で判断する際に，「ダメ。」，「違う。」と，丁寧でない表現が分かり，発表できた生徒がいた一方で，教師のロールプレイを見ても良否を正しく判断することが難しい生徒もいた。授業ミーティングでは，「どこに注目して判断したらよいか分かりにくかったのではないか。」と反省が挙がった。「～です。」，「～ます。」，「ございます。」，「ください。」の４種類の語尾カードで丁寧な言葉遣いの例を視覚的に提示し，繰り返し確認することで，言葉遣いの良否を判断したり，話す際に活用したりできるようになるのではないかと考えた。

　　日常の学校生活場面を想定したロールプレイでは，「～です。」や「～ください。」など，語尾カードを選択して丁寧な表現に言い換えたり，その後の授業以外の場面でも丁寧な言葉遣いで教師に話し掛けたりするなど，学習したことを活用することができるようになってきた。

　　そこで本時では，目前に迫った校内実習，前期産業現場等における実習（以下，前期現場実習）を想定したロールプレイを通して，働く場で適切な言葉遣いができるようにしたいと考えた。

（2）本時の全体目標

　　作業や実習場面を想定したロールプレイを通して，適切に丁寧語を使って返事や依頼，質問や報告をすることができる。

（3）実際

過程	学習活動	授業で目指す姿	具体的な手立て
導入	1　学習内容を確認する。 作業や実習のときに話す敬語を考えよう。	・　丁寧な言葉遣いか判断し，良否の理由を発表する姿 基・思	・　語尾に注目して判断できるよう，教師がせりふの語尾を強調してロールプレイを行う。

展開	2　動画を見て気付いたことを話し合う。	・　敬語の大切さに気付き，場面に応じて丁寧な言葉を使おうとする姿 ［主・思］	・　作業の道具を使ってロールプレイをすることで，作業や実習場面を想起できるようにする。
	3　ロールプレイをする。	・　よりよい表現を身に付け，活用する姿 ［思・人］	・　ロールプレイの様子を相互評価し，友達の助言を参考にできるようにする。
終末	4　本時の振り返りをする。	・　客観的に自分たちの言葉遣いを振り返り，生活の中でも使いたいという意欲を高める姿 ［主・思］	・　ロールプレイでできていた場面に応じた適切な返事や依頼，質問や報告を，みんなで声に出して再度確認し，ワークシートに記録する。

（4）学びの姿

　　生徒たちは，自分たちの日頃の作業学習の様子を動画で見たことで，教師に対して適切な言葉遣いが十分にできていないことに気付き，丁寧な言葉遣いの学習や授業以外の場面での活用への意欲が高まった。Aさんは，イラストや作業の道具から，作業学習の場面を想定して，「～なので～をください。」と自分の状況や

上司役の教師に依頼する様子

理由を説明しながら教師に依頼をすることができた。また，友達のロールプレイを見て，適切な言い方を判断し，「こう言ったらいいよ。」と進んで助言をする姿も見られた。Bさんは，語尾カードで丁寧な言葉遣いを確認したり，友達同士のロールプレイを繰り返し，評価し合ったりしたことで，「～です。」，「～ます。」などの場面にふさわしい言葉遣いを理解して活用する姿が見られるようになった。友達のロールプレイの良否を判断する際にも，自信をもって○×サインを出し，正しく評価することができるようになった。

　　前期現場実習を目前に控えた時期に学習を行ったことで，敬語を使うことへの意欲が高まり，学習した知識や技能を主体的に使おうとする姿や，友達と協力しながら自分の考えを

語尾カードを活用する様子

正しい言葉遣いで表現する姿が見られた。また，授業以外の場面でも，教師と話す際にそれまで友達のような言葉遣いで話していた生徒が，「先生，～です。」などと意識して丁寧な言葉を遣う姿が見られた。

5 授業（教科等）反省から教育課程へ

　生徒たちは，敬語の特徴や必要性に自分たちで気付き，「〜です。」，「〜ください。」などの表現を習得し，ロールプレイで活用することができた。学校生活や実習場面を想定したロールプレイを相互評価し合う中で，丁寧な表現が定着し，友達が使った表現を参考にする姿も見られた。

　本題材を前期現場実習前の６月に行ったことで，より実際的な場面での活用につなげることができたと考えられる。自分たちの日頃の言葉遣いを動画で振り返ったり，ロールプレイを通してお互いに言葉遣いを確認したりすることで，丁寧語の定着へとつなげることができ，年間指導計画に記載されていた学習活動が有効であったと考える。「〜です。」，「〜ます。」などの文末表現は，２学期に学習する作文や日記でも引き続き活用することができるため，題材の配列としても適切ではないかと考えた。時数については，前期現場実習前に３時間行い，概ね十分であったが，実習終了後にも自分たちの言葉遣いを振り返ったり，お互いに評価し合ったりすることで更なる定着を図ることをねらい，１時間増やして４時間で計画してもよいのではないかと考えた。卒業後の生活へとつなげるためにも，年間を通して日常生活の指導や作業学習などの指導の形態とも関連させて敬語の指導を継続するとともに，キャリア教育の視点を踏まえ，小学部段階から計画的に指導する必要性があると考える。

友達と学び合う数学の授業

「大きな数を数えよう」

1　実態

　本グループの生徒たちは，3位数までの数であれば正確に読んだり，書いたりすることができる。しかし，買物の際に4位数以上の金額を読むのが正確でない姿が見られる。特に，4080のように，金額の中に空位の0がある場合に，数を読んだり，大小を比較したりするのは確実でない姿が見られる。作業学習の中では，出来高目標に対して，出来高が多かったか少なかったかを判断することもできるようになってきている。製品の個数を2個ずつ数えて袋詰めしたり，10本ずつ束にしたりする経験を重ねることで正確に数えたり，決められた時間内に数えたりすることができるようになってきているものの，十の束が10個集まって100，百の束が10個集まると1000などの判断に時間が掛かったり，難しかったりする様子がある。学習全般を通して，友達との話し合い活動で，役割を分担したり，お互いに理由等を説明し合ったりすることが難しい様子が見られる。

2　題材の目標

(1)　全体目標

　具体物や半具体物を数える活動を通して，3位数以上の数について，正しく数え，数の表し方や大小，順序などについて理解を深めることができる。

(2)　目指す姿（資質・能力）

目指す姿 <知識・技能，思考力・判断力・表現力等，学びに向かう力・人間性等>
○　生徒同士で協力したり，役割を分担したりして，10や100，1000といったまとまりを作って具体物を数えたり，数で表したりする姿＜知識・技能＞ ○　具体物とタイルを対応させ，友達同士で説明し合ったりして大きな数を表したり，数直線を用いて数の順序や大小を判断したりして問題解決する姿＜思考力・判断力・表現力等，学びに向かう力・人間性等＞

3　題材の指導計画（全時10時間）

【第一次】

　　・　あめや作業学習の材料として用いているくぎなど，生徒の生活にとって身近な

具体物を使用する。

・　友達とペアやグループで学習に取り組むことで，生徒同士で，数える際に行っている工夫を参考にすることができるようにする。

・　扱う数が4位数を超える場合は，計数への負担を減らすために全員で協力して数えることができるようにする。

【第二次】

・　具体物とタイル，タイルと数を対応する学習を繰り返し行い，その数の量や大きさを体感できるようにする。

・　位取り表を用いて，数を構造的に捉えることができるようにする。

・　金銭等を用いて，生活場面との関連を図るようにする。

【第三次】

・　数直線について指導する際には，1位数から取り扱い，徐々に扱う数の位を大きくする。目盛りについても，1目盛りの数を1とし，慣れてきたら1目盛りを10や100など段階的に設定するようにする。

・　大小比較を行う際には，数直線に置き換えたり，タイルで表したりするなどして，自身で確認できるようにする。

4　本時（3／3　第1次）

(1) 前時までの学習の様子

これまでの授業において，生徒たちはたくさんある具体物を，一人で数えたり，ペアやグループになって友達と協力しながら数えたりする学習に取り組んできた。授業ミーティングでは，学んでいる姿として，ストローやくぎなどの具体物を，2とびや5とびで数える友達の数え方を参考にして数えるAさんの姿や，友達に10のまとまりがいくつあるか

協力して数える姿

を数えるように依頼したり，それを用いて100のまとまりを作って数えたりするBさんの姿が見られた。学びにつまずいている姿として，数える本数が多くなったり時間が長くなったりすると，計数の声と物との対応がずれてしまうCさんの姿が挙げられた。

(2) 本時の全体目標

友達と協力しながら具体物を数えたり，半具体物に置き換えたりする活動を通して，3位数や4位数をタイルを使って表し，十進位取り記数法に従った数の表し方を理解することができる。

(3) 実際

過程	学習活動	授業で目指す姿	具体的な手立て
導入	1 前時の活動を振り返る。 2 めあてを話し合う。 ＜正確に数えて，数で表そう＞	・ 前回の活動を思い出し，友達同士で簡潔に説明したり聞いたりする姿。 思・主 ・ 本時の学習を理解し，どのようにすれば，活動に取り組んだり，目標を達成できたりするかを考えて，発表する姿。 思	・ 前時で用いた教材や映像，前時のワークシートなどを用いて，自ら思い出すことができるようにする。 ・ 本時で取り組む活動や活動の流れを示し，見通しがもてるようにする。
展開	3 友達と協力して具体物を数える。 4 具体物を，友達と協力してタイルに置き換える。 5 作ったタイルを，位取り表のどこに入れるかを話し合う。	・ 2とびや5とびで数えたものを，10 ずつまとめたり，友達と協力して 100 ずつまとめたりする姿。 基 ・ 具体物と対応させながら，10 のタイルや 100 のタイルを作る姿。 基 ・ 10 や 100 のまとまりがいくつ必要か考えたり，対応する位がどこになるか友達と確認し合ったりする姿。 基・思	・ 10 のまとまりを作る生徒や 100 のまとまりを作る生徒など役割を分担し数えるようにする。 ・ 前時と同じグループ編成にし，前時の活動を思い出しながら本時の活動が行えるようにする。 ・ グループ間の生徒同士で位取りの原理を確認できるように，前回までのワークシートや自分たちで作った位取り表を用いる。
終末	6 まとめ課題を解く。	・ タイル図を見て，3 位数や 4 位数を，正確に表す姿。 基・思 ・ 3 位数や 4 位数を正確に読んだ後，対応するタイル図を答える姿。 基・思	・ 今回学んだことを生かして，一人で問題解決できるようなプリントを生徒の実態に合わせて準備しておく。

(4) 学びの姿

　本時では，全ての生徒が，役割を分担しながらペアと協力して数え，100 や 10 の束にまとめたくぎを，タイルと対応させて考えることで，3 位数や 4 位数を，位取り表を用いながら正確に読んだり，書いたりすることができた。

　ペアでの学習を取り入れることで，より速く正確に数えられるように，B さんは C さんに対して籠を準備し，10 の束で数え終わった物をその籠に入れるようにアドバイスし，10 の束が 10 セットになると二人で一緒に確認したり，タイル図を見ながら「千の位はいくつ？」など質問したりする姿が多く見られるようになってきた。

題材を通して，基礎的，基本的な知識・理解の定着を図るために，多数ある具体物を数え，タイルに置き換えて表し，位取り表を用いながら十進法の原理を確認することが有効だった。また，グループやペアでの学習の時間を毎回設定することで，10や100，1000といったまとまりを作って数え上げるときに，友達同士で協力する姿が見られたり，硬貨や紙幣を使いながら，五百円硬貨と百円硬貨５枚で千円になることを説明したりする姿が見られた。さらに，発展的な学習の際には，提示された金額に対し，ちょうど支払えないときにどうするかを，ペアの友達に硬貨や紙幣を使って説明しようとする姿が見られた。数直線の学習では，これまでに学んで得た知識を積極的に使い，位取りの考え方にのっとって自分の考えを発表したり，一目盛りの大きさを予想して，それを友達に伝えようとしたりする姿が見られるようになってきた。

　題材後に行われた校内宿泊学習の際には，クラスメイトと相談しながら，限られた予算の中で，商品の値段を正確に読み上げ，計算機を用いて計算しながら，夕食や朝食の食材を購入する姿が見られた。

5　授業（教科等）反省から教育課程へ

　題材を通して，生徒同士で協力し，役割を分担しながら，ものの個数を数えたり，数を表したりする姿が見られた一方で，友達同士で理由等を説明し合いながら，ある数の数直線上の位置を表したり，大小を判断したりする姿は，一部の生徒にしか見られなかった。生徒の実態や題材内の理解度に合わせて，他の題材でも理由を問う場面や説明場面を設定した上で，友達同士の話し合い活動を行うようにしたい。

　毎回の授業終了後に，簡単な振返りや授業ミーティングを行ったことで，実際に具体物を数える活動の重要性や，10や100，1000と具体物をまとめることが本題材のねらいを達成するために重要であることを確認することができた。また，当初の計画より一次に十分に時間を掛けて取り組むように変更したことで，生徒同士じっくり時間を掛けて学び合い，基礎・基本の定着につなげることができた。さらに，授業計画段階で，題材の中で学んでほしい教科の基礎・基本となる内容だけでなく，主体性，思考・判断・表現，人間関係などの資質・能力の育成を目指した学習活動を設定することが，生徒同士で協力したり，説明し合ったりする学び（十分とは言えなかったが）につながったと考えられ，非常に重要であると感じた。

　本年度の授業時数は，年間指導計画に基づいて10時間で設定した。最後の授業ミーティングでは，具体物を操作しながら，じっくりと時間を掛けて数えたり，友達と協力して３位数以上の数を数えたりする活動を取り入れながら，位取り記数法に基づく数の表し方を学ぶことができるため，年間の初めに扱う題材として適切であると考えた。次年度も，10時間程度の時間があると充実した指導が行うことができるとの意見が挙げられた。

時間や時刻を手掛かりに，見通しをもった生活ができることを目指して

「時計や暦を活用してスケジュールを立てよう」

1 実態

本グループの生徒たちは，これまでの学校生活の経験を通して，通常の時間割であれば一日の流れに見通しをもって学習活動に参加することができたり，教師の「あと5分経ったら授業を始めるよ。」等の言葉掛けを受けて，自分から次の授業の準備に取り掛かったりする様子が見られた。しかし，遠足や運動会などの学校行事のスケジュールに対しては，教師からの「この活動は何分ぐらいあるの。」等の時間の問い掛けに，正しく答えることが難しい様子が見られた。また，校外学習のスケジュールを立てる活動において，「バスが来るまで○分だから，○分早めに出発しよう。」といった時間を意識したスケジュールの作成も難しい様子が見られた。

2 題材の目標

(1) 全体目標

ア 二つの時刻の差から，時間の計算をすることができる。

イ 新聞等のテレビの番組欄を読み取り，番組の視聴時間や番組が始まるまでの時間を計算したりすることができる。

(2) 目指す姿（資質・能力）

目指す姿 <知識・技能，思考力・判断力・表現力等，学びに向かう力・人間性等>
○ 時刻を読み取ったり，時間を量として捉えたりすることができ，これらの知識を基に，生活のスケジュールを立てる姿<知識・技能>
○ 余暇活動等の生活のスケジュールを立てる場面で，筆算やアナログ時計を使って時間の計算をしたり，バス等の公共の交通機関の時刻表を読み取ったりする姿<思考力・判断力・表現力等>
○ 友達の意見を取り入れたり，役割を分担したりしながら，協力して課題解決に取り組む姿<学びに向かう力・人間性等>

3 題材の指導計画（全14時間）

【第一次】

アナログ時計と数直線を用いて，二つの時刻の差が3時間までの時間の学習を行う活動を設定した。アナログ時計を操作して，時計の針が移動した部分に色を塗っ

たり，数直線を使って時間を帯で表したりすることで，時間を量として捉え，筆算
で求めた時間と確認をするようにした。

【第二次】

　　バスの時刻表やテレビ番組表を読み取り，活動スケジュールを立てる学習を行う
活動を設定した。スケジュールを立てる過程の中で，学校から近くのバス停まで掛
かる時間や，テレビを見る時間など，時間を筆算で求める活動を意図的に設定した。

　　第一次，第二次，それぞれの学習活動
においては，学習の手掛かりが示された
ファイル（以下，「必勝ブック」）や，筆
算の途中においても模型時計等の具体
物を使って確認してもよいルールを設定
し，課題解決のための手段を自己選択で
きるようにした。また，隣の友達と協力
して取り組む課題や，自分で作問した課
題を友達が解くなどのペア学習の場を設
定するようにした。

アナログ時計を活用しながら計算している様子

4　本時（4／6　第一次）

（1）前時までの学習の様子

　　これまでの授業において，生徒たちは，
アナログ時計の長針と短針の位置を読み
取り，「13時25分。」，「午後1時25分。」，「1
時半ちょっと前。」など，同じ時刻でも
様々な読み方があることを学習した。そ
して，目盛りに時刻が記してある数直線
に，学校や家庭での活動を記入する学習
に取り組み，時刻が連続して時間を形成
していることの理解や，午前・午後表記

時刻の差を計算している様子

の時刻を24時間表記に変換することができるようになってきた。また，二つの時
刻の差が30分までの繰り下がりのない時間の計算を筆算で行ったり，アナログの
模型時計を操作して目盛りの数を数えたりすることで，自分で答えを求めることが
できるようになってきた。

（2）本時の全体目標

　　計算式を立てたり，模型時計を操作したりして，二つの時刻の差が1時間以内の
時間の計算をすることができる。

(3) 実際

過程	学習活動	授業で目指す姿	具体的な手立て
導入	1　前時の学習内容を確認する。	・　二つの時刻の差が時間であることを確認する姿　基・思 ・　実生活と関連付けながら，時間を量として捉える姿　基・主	・　数直線上に時刻を表すことで，二つの時刻の差が時間を形成していることを確認できるようにする。 ・　「○時から○時までは，何をしていましたか。」等，時刻と生活を結び付ける質問をすることで，時間の量的感覚を身に付けることができるようにする。
展開	2　差が1時間までの時間の計算をする。	・　アナログ時計を使って二つの時刻の差が表す時間を調べる姿　基・思 ・　計算式を立てて，二つの時刻の差から時間を求める姿　基・思	・　実際にアナログ時計を操作して長針の動いた距離から量感を意識できるようにする。 ・　午前，午後表記と24時間表記の読み方を確認することで，正しく時刻を読んで数直線で確認し，二つの時刻の差をおおまかに予想できるようにする。
終末	3　本時の学習を振り返る。	・　筆算で二つの時刻の差から時間を求める手順を確認し，友達に手順を伝える姿　基・主・人	・　必勝ブックに，本時の学習のポイントである，二つの時刻の差を求める手順が記されたプリントを貼って確認する。

(4) 学びの姿

　Gさんは，時刻と時間の違いに対して混乱してしまうことがあったが，時刻と時間の単位を板書で強調したり，数直線を活用して時刻と時間を表したりすることで，どちらを意味しているのか理解できた。また，ワークシートで筆算の過程を細分化することで，教師に支援を求めることなく，筆算で正しく二つの時刻の差から時間を計算することができた。

　ワークシートで計算の過程を細分化したことは，他の生徒にとっても有効で，計算の過程を細分化したワークシートを活用することで「なぜ10分ではなく60分借りてくるのか。」という60進法による繰り下が

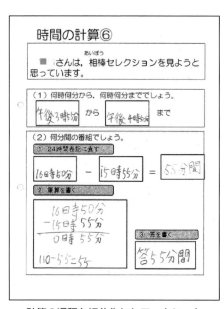

計算の過程を細分化したワークシート

りの意味を理解し，繰り下がりの過程を整理しながら時間を求め，友達と計算の過程を確認し合う様子が見られた。

　また，12月の生活単元学習「みんなで出掛けよう」では，校外学習のスケジュールから，学校に近いバス停まで掛かる時間やバスに乗っている時間を計算して，他のグループの友達に教える姿が見られた。

5　授業（教科等）反省から教育課程へ

　本題材を終えて行った学期末の教科等反省について記載する。本グループの生徒は，具体物を操作して視覚的に考えることが得意な生徒や筆算が得意な生徒など，課題解決へのアプローチは様々である。本題材を通して，模型時計の操作や，筆算，数直線の活用など，生徒自身が課題解決のための手段を自分で選べるようにすることで，「この方法なら私でもできそう。」と主体的に取り組む様子が見られるようになった。また，隣の友達と互いの解き方や答えを比較する機会を設定したことは，別の解法を知り，数学的表現力を深めることに効果的だったと考える。このようなペア学習は，数学的表現力を高めるだけでなく，人間関係の形成にもつながるものであり，年間指導計画に反映させることが望ましいと考える。

　授業時数については，年間指導計画の14時間に対し9時間の実施であった。一次では，時間の計算の方法を習得するための活動に，6時間で十分に取り組むことができた。しかし，二次ではテレビの番組欄を読み取り，視聴スケジュールを立てる活動に時間を要したことや，他の教科等の学習との兼ね合いから，当初に計画していたバスの時刻表を使った活動を設定することが難しかった。次年度以降も本年度と同等の授業時数であれば，二次は高等部3年間のローテーションで，これらの活動を分割して計画的に取り扱うことが望ましいと考える。

　また，スケジュール作成の活動を，生活単元学習の「後期現場実習に行こう」等の単元で積極的に取り扱うことが，本題材における学習の中で身に付けた時間の計算の方法を，実生活の中で汎用的に活用することにつながるのではないかと考える。

進んで楽器を鳴らし，協働して曲をつくりあげることを目指して

「いろいろな楽器を演奏しよう」

1 実態

　本グループの生徒たちは，これまでに簡単に操作できる様々な楽器に触れて音を鳴らしたり，短い曲の器楽合奏を経験したりしてきている。しかし，個人では決まった旋律やリズムは演奏できるが，それぞれを合わせて音を鳴らすと，音楽の縦のラインがずれて，ばらばらになってしまう様子が見られる。また，実際に演奏できる旋律やたたくことができるリズムが音符や休符と結び付いていないため，楽器を演奏する際に，教師の範奏に頼る姿や一人で練習に取り組むことが難しい姿が見られる。そのため，決められたパートの音をそのとおり鳴らすことに必死になってしまい，自分たちの演奏から曲の雰囲気を感じたり，演奏を振り返って改善点を見いだしたりすることまでは難しい様子が見られる。

2 題材の目標

(1) 全体目標

　ア　友達と一緒に音を合わせて演奏することを通して，リズムや速度を意識したり，他のパートの音を聴いて合わせたりすることができる。

　イ　思いや意図をもって合奏することを通して，感じた曲の雰囲気に合いそうな表現の仕方を考えて演奏することができる。

(2) 目指す姿（資質・能力）

目指す姿 <知識・技能，思考力・判断力・表現力等，学びに向かう力・人間性等>
○　曲を鑑賞して曲想を言葉で表現したり，楽器の素材や奏法から音色を聴き分けたりする姿＜知識＞
○　簡単な楽譜やリズム譜を見て自分のパートを練習し，周りの音に合わせて演奏する姿＜技能＞
○　曲の雰囲気に合いそうな表現を工夫し，他のパートの音を聴きながら演奏する姿 ＜思考力・判断力・表現力等＞
○　自分たちの演奏に対して意見を出し合って，よりよい演奏を目指す姿＜学びに向かう力・人間性等＞

3　題材の指導計画（全12時間）

　主体的に合奏に参加し，達成感を味わうことができるように，テレビドラマの主題歌にも使われて聴き馴染みがあり，覚えやすい旋律が特徴の「優しいあの子」（作詞・作曲：草野正宗）を教材曲として扱った。生徒の実態差を考慮して，簡単なリズム伴奏や平易な低音部，効果的な副旋律を加え，曲の雰囲気を感じ取りやすく編曲したものを使用した。

　一次では，二次での合奏が主体的に行えるように，二次で扱う楽器の種類を一通り体験して音を出したり，簡易楽譜を読んで短い楽曲の合奏を行ったりするようにした。二次では，一次での経験を基にして，指定されたパートで演奏する楽器を選択肢の中から自ら選んだり，楽譜を頼りにパート練習をしたりした。また，お互いの練習の成果を発表し合う場や記録した自分たちの演奏を振り返る場を設定するようにした。

4　本時（7・8／12　第二次）

(1)　前時までの学習の様子

　これまでの授業において，生徒たちは，自分が担当するパートを確認して選択肢の中から楽器を選び，楽譜やリズム譜を読みながらパート練習に取り組んできた。音階に階名が書かれた大譜表を手掛かりにして，自分のパートの楽譜に階名を書くことで，階名シールが貼られた鍵盤と対応させながら自分で音にしていく姿（写真）や，リズム譜の音符や休符に記された「タン」や「ウン」などの表記を見て正しいリズムをたたこうとする姿が見られた。一方で，メロディパートで鍵盤ハーモニカを選んだ生徒は，吹く動作と指を動かす動作を連動させることが難しく，音がうまく出せない姿や，別の生徒では，同じ鍵盤楽器でも不自然な運指で音を鳴らそうとする姿が見られた。これらの姿に対して，授業ミーティングでは，同時処理の難しさや鍵盤楽器を演奏する際の基礎を改めて学ぶ必要性などが挙げられ，鍵盤楽器を扱う生徒は，一斉に楽譜の読み方と合わせて運指の基本を学ぶ機会を設定することにした。

楽譜を読みながら練習する様子

(2)　本時の全体目標

　楽譜に表記された音符をよく見て，音の長さやリズムに気を付けながら拍子に合わせて演奏することができる。

（3）実際

過程	学習活動	授業で目指す姿	具体的な手立て
導入	1 前時を振り返り，各パートで目標を考える。	・ 前時のパート練習の様子を思い出して，本時で特に頑張りたいことを考え，伝える姿。 　思・人	・ 楽器のイラストやパート表を用いて自分のパートを確認し，練習の様子を教師が補足することで，前時の反省点を思い出すことができるようにする。
展開	2 パート練習をする。	・ 楽譜やリズム譜を見て，音の高さやリズムに気を付けながら楽器を練習する姿。 　思・主	・ 階名シールを用いて，楽譜に書いた階名と鳴らす鍵盤が対応できるようにする。
展開		・ 教師に演奏方法を尋ねたり，友達と音を合わせたりして練習に取り組む姿。　人	・ 練習する箇所を色で分けて示し，同じ色の箇所を繰り返し練習して，分からないところを尋ねたり，友達と確かめ合ったりできるようにする。
展開	3 合奏をする。	・ 教師の範奏や拍子に合わせて演奏する姿。　思・人	・ 全パートが合わせやすいように，拍子を数唱したり，大きく手拍子で表したりする。
終末	4 本時を振り返る。	・ 全員での演奏を聴いて，良かった点と改善点を答える姿。 　思・人	・ 動画で演奏を振り返り，「楽譜」や「リズム」などのキーワードを板書して発表時に使えるようにする。

（4）学びの姿

　本時の「音符をよく見て，拍子に合わせて演奏する」という目標は，ほぼ達成することができた。具体的には，パート練習では，前時までに自分たちで階名を書いた楽譜や色分けされたリズム譜を見ながら，音の高さや長さを確認しながら練習することができていた。生徒によっては，音符や休符の読み方が分からず練習が滞ってしまうことがあったが，リズムを音声化して，教師の範奏の後に続いて同じリズムを繰り返すことで，練習に集中して取り組むことができた。合奏では，練習を繰り返すことで少しずつ改善はできていたが，パートごとに微妙に速さが異なりずれてしまうことが多かった。とにかく自分のパートを完璧に演奏したいという思いが強く，全体の音を聴いて，ここは間違えてしまったから次の拍から新たに合わせてみよう，といった考えには至らなかった。

　授業で目指した資質・能力については，パート練習でできるようになった部分を教師や同じパートの友達に聴いてもらい，うまくいったところを称賛し合うことで，演奏への達成感を味わう姿が見られた。それを積み重ねる

パート同士で練習する様子

ことにより，鍵盤楽器を使うパートでは，「ここを一緒に合わせてみようよ。」と，違うパートの友達を誘って意欲的に練習に取り組む姿が見られた。また，演奏がうまくいかない生徒も，周りで頑張っている生徒を見て，自分から教師に演奏方法を尋ねて，できるように努力する姿も見られた。これらの様子から，器楽に関する基本的な技術を身に付けつつ，学び合う楽しさを味わうなどの人間関係に関する力を付けてきていると感じた。そのためには，まずは確実に自分のパートが演奏できることが必要で，パートの実態に応じた楽譜（音符や休符に読み方を色分けして示したり，拍子に対応した音を出す箇所を数字で示したりするなど）を用意し，主体的に練習できるようにしたことは有効であったと考える。

本題材での最終時では，出来上がった演奏を鑑賞して，「すごい。曲になっている。」や「みんな上手になっている。」など，演奏への達成感を言葉にする姿が多く見られた。この達成感やこれまでの活動から，他の学習や休み時間に優しく友達に言葉掛けをして協力する姿が見られた。また，楽譜は難しいと捉えていた生徒も，「好きな曲の楽譜を見てみたい。」「次はあの曲を弾いてみたい。」という言葉が出てくるようになったことは，前題材でのリズム学習で簡単な音符や休符を扱ったり，歌唱活動で音の高さを階名と関連付けて学習したりするなど段階性をもたせて計画的に学習できたことが関係していると考える。

5　授業（教科等）反省から教育課程へ

題材を通して，一つの楽曲を全員で協力して完成できたことは，全員が達成感をもつことにつながり，大きな成果だった。その中で，初めに目指したい演奏を自分たちで考えて，それを言葉にしてから楽曲の練習に入る学習活動の流れは，学習指導要領に書かれている器楽分野の「思考力・判断力・表現力等」の内容を押さえることはもちろんのこと，学習計画の最後に設定した「自分たちの演奏を鑑賞して，意見を出し合う」という活動に対しての意見の基準になり得るものとしても有効だった。また，自分たちでよりよい演奏に向けて思考錯誤しながら練習に取り組むことができるように，実態に応じた楽譜を使ったり，友達同士で学び合いができる場を設定したりしたことは，今後の題材でも取り入れていきたい。楽器の演奏では，個人差も大きく，楽曲の編曲や実態に応じた教具の作成などの工夫を行ったが，任された楽器を一人で演奏することが難しい生徒も見られた。9人の生徒に対して，どのように3人の教師が付いて合奏を行うかは課題として挙げられた。また，楽譜を用いた活動は器楽の知識・技能を身に付けていく上では有効としながらも，楽譜を見て手を動かし，更に耳でよく聴きながら演奏するという同時に行う動作が複数ある場合，難しさを感じる生徒もいたため，演奏する箇所を曲の一部分に限定したことがよかったのかどうかという意見も挙がった。拍子の捉えや楽譜の読み方は，数学的な知識が身に付いていると理解しやすいことから，数の概念や分数を扱う際に関連して指導できるとよいことも確認できた。

対話の中で，芸術作品の見方，感じ方を広げる

「美術館へ行こう」（10月）

1 実態

　高等部の生徒たちは，これまでの美術の学習で，参考作品を見て気付いたことを発表したり，制作した自分たちの作品を鑑賞して，意見交換をしたりする活動に取り組んできている。また，ほとんどの生徒が，美術館に行ったことがあり，作品を鑑賞した経験がある。しかし，作品について気付いたことを意見交換する際は，積極的に発表することが難しかったり，「色が好きです。」等の表面的な感想に留まったりすることがあった。これは，自由に感じたことを伝え合ったり，表現方法や意図など，目に見えない部分を予想したりすることが難しいためであると考えられる。さらに，美術館での鑑賞活動では，一つでも多くの作品を鑑賞することに意識を向けてしまい，作品の前で立ち止まって，じっくり鑑賞して思いを巡らすことは難しい姿が見られた。これは，作品をじっくり鑑賞する経験が少なかったり，作品をどのような視点で鑑賞したらいいのか分からなかったりすることが原因だと考えられる。

　そこで，立体作品を中心に展示する美術館で，作品に触れながら鑑賞活動を行う題材「美術館へ行こう」を設定した。実際に作品に触れながら鑑賞活動を行うことで，作品に対するたくさんの気付きがあり，活発な意見交換を行うことができる。また，その中で美術作品に対する見方や感じ方を広げることができる。さらに，学校と美術館が連携を図ることで，学芸員から専門的な話を聞くことができ，作者の心情や表現の意図と工夫などの理解にもつなげることができる。これらの経験から得た学びは，今後の表現活動での創意工夫につながったり，美術作品や美術文化への興味・関心につながったりし，豊かな情操を培うために，大きな意義があると考える。

2 題材の目標

(1) 全体目標

　ア　作品について感じたことを伝え合ったり，作者の心情や表現の意図と工夫などについて考えたりする活動を通して，美術作品の見方や感じ方を広げることができる。

　イ　実際に作品を鑑賞したり，学芸員の話を聞いたりして，造形の要素（形や色彩，材料や光などの働き，造形的な特徴）や作者の心情，表現の意図と工夫を理解することができる。

(2) 目指す姿（資質・能力）

目指す姿 <知識・技能，思考力・判断力・表現力等，学びに向かう力・人間性等>
○ 作品を構成する，造形の要素（形や色彩，材料や光などの働き，造形的な特徴）を理解する姿<知識・技能>
○ 作品を鑑賞して，造形の要素（形や色彩，材料や光などの働き，造形的な特徴）に気付いたり，作者の心情や表現の意図と工夫を予想したりする姿<思考力・判断力・表現力等>
○ 作品について自分の意見を伝えたり，友達の意見を聞いたりして美術作品の見方を広げる姿<学びに向かう力・人間性等>

3　題材の指導計画（全8時間）

【第一次】

　実際に鑑賞活動を行う美術館の所蔵作品が印刷されているアートカードから，好きな作品を選び，その理由を発表する活動を設定した。その中から，中心的に鑑賞する作品を絞り，アートカードを見て気付いたことや感じたことを意見交換し，ワークシートにまとめるようにした。意見交換をする際は，美術作品の見方や感じ方は正解が無く，様々な意見があっていいことを伝え，活発な意見交換ができるようにした。意見を出すことが難しい生徒には，造形の要素や感情をイラストと文字で示した鑑賞カードを使用し，その中から意見を選んで発表できるようにした。感触について予想する活動では，やすりや陶器などの表面を触って，ザラザラやつるつるなどの言葉と質感が一致するようにしてから予想するようにした。

【第二次】

　実際に美術館へ行き，学年ごとに，造形の要素の観点で，一つ一つの作品をじっくり鑑賞するようにした。鑑賞の際は，作品を様々な角度から見たり，触ったりするなど，実際に美術館に来たからこそできる活動を設定した。一次でアートカードを使用して意見をまとめたワークシートと，実際に作品を鑑賞して気付いたことを比較し，自分たちの予想や考えは合っていたのか検証する活動も設定した。生徒の実態に応じて，タイミングを図りながら鑑賞カードを提示し，その中から友達に意見を伝えることができるようにした。各学年での鑑賞活動後は，まとめたワークシートの内容を発表し合い，様々な見方や感じ方を共有できるようにした。さらに，自分たちの発表に対して，学芸員の方から専門的な意見をもらうことで，芸術作品に対する見方や感じ方を深めることができるようにした。

作品の素材を予想する鑑賞カード

4 本時（4・5／8 第二次）

(1) 前時までの学習の様子

　　これまでの授業において，生徒たちは，アートカードを見て，好きな作品を選び，作品を選んだ理由や作品を見て気付いたことを友達に伝えたり，友達と話し合いながら，鑑賞する作品を選び，造形の要素について意見を出し合いながらワークシートにまとめたりする姿が見られた。授業ミーティングでは，生徒たちが活発な意見交換ができた理由として，「立体作品だから，写真からでも作品をイメージしやすかったのではないか。」や「作品が靴や花などの身近な物をテーマにしている物が多く，意見を言いやすかったのではないか。」との意見が挙げられた。一方で，意見が出ないときに活用した鑑賞カードは，一度提示すると，カードに書かれている内容からしか意見を述べない姿も挙げられたため，当日の鑑賞活動で，生徒の純粋な意見を引き出すために，生徒の実態に応じた鑑賞カードの提示の方法やタイミングを確認した。

　　本時の学習では，美術館に行き，実際の作品を囲みながら意見交換をすることで，様々な見方や感じ方があることに気付くことや，作品に触れたり，専門家の意見を聞いたりすることで，造形の要素や作者の心情，表現の意図と工夫などを理解できるようにすることをねらいとした。

(2) 本時の全体目標

　ア　実際に作品を鑑賞して意見交換することで，様々な美術作品の見方や感じ方があることを知ることができる。

　イ　実際の作品に触れたり，学芸員の方の専門的な視点からの話を聞いたりして，造形の要素（形や色彩，材料や光などの働き，造形的な特徴）や作者の心情，表現の意図と工夫を理解することができる。

(3) 実際

過程	学習活動	授業で目指す姿	具体的な手立て
導入	1　鑑賞する作品や鑑賞の観点を確認する。	・　鑑賞の観点を基に，友達と造形の要素を確認する姿　　基・人	・　ワークシートで鑑賞の観点を示すことで，作品について積極的に意見交換ができるようにする。
	2　作品を鑑賞する。	・　実際に作品を見たり，触れたりして，造形の要素や作者の意図，工夫を予想する姿　　思・主	・　作品を触ったり，様々な角度から見るように促したりして，作品に対する気付きが生まれるようにする。
	3　作品について意見交換をする。	・　作品を鑑賞して，気付いたことを伝え合う姿　　思・主・人	・　話し合いの進行をする生徒を決め，ワークシートの観点に従って意見交換を行うことができるようにする。

展開	4 鑑賞活動で出た意見を伝え合う。	・ それぞれの意見を伝え合い,作品の見方を広げる姿 　思・主・人	・ 学年毎に発表する機会を設け,同じ作品を見ても,様々な見方があることが分かるようにする。
	5 学芸員の講評を聞く。	・ 学芸員の話から,造形の要素や作者の心情,表現の意図などを理解する姿 　基・人	・ 学芸員から説明を聞く機会を設定し,専門的な知識に触れることができるようにする。
終末	6 本時を振り返る。	・ 教師とやりとりをする中で学んだことを答える姿 　基・思・人	・ 対話の中で,本時で学んだ,造形の要素や作者のねらいなどを確認できるようにする。

(4) 学びの姿

　本時の「実際に作品を鑑賞して意見交換することで,様々な美術作品の見方や感じ方があることを知ることができる。」という目標は,ほぼ,達成することができた。具体的には,作品に触れたり,いろいろな角度から眺めたりして,「アイスクリームのコーンに見える。」や「離れてみたら,ビックリマークに見える。」など,それぞれの生徒が気付いたことを積極的に意見交換する姿が見られた。なかなか意見が伝えられない生徒については,教師が「この作品は何でできているのかな。」と言葉を掛けながら鑑賞カードを提示することで,「金属。鉄。」と答えたり,「この作品を見てどんな気持ちになる。」と伝えながら感情の鑑賞カードを提示することで悩みながら,「あたたかい気持ちとうれしい気持ち。」と伝えたりする姿が見られ,授業で目指した,思考・判断・表現,主体性,人間関係の資質・能力の育ちを感じることができた。一方で,目標の「作者の心情や表現の意図と工夫を理解することができる。」については,作品を鑑賞する際に,教師が「作者は,どんな気持ちでこの作品を作ったのかな。」と問い掛けても,どの生徒も答えることが難しい姿が見られた。しかし,学芸員から,作品についての説明や作者のねらいを聞く活動では,自分たちの考えと一致していることを喜んだり,考えもしなかった説明に驚いたりする姿が見られ,作者の心情や表現の意図と工夫を知ることにつなげることが

作品に触れながら意見交換をする姿

鑑賞活動で出た意見を伝え合う姿

できた。

5　授業（教科等）反省から教育課程へ

　本題材を終えて行った教科等反省の内容を記載する。

　鑑賞作品を絞り，作品をじっくり見つめ，意見交換を行う活動は，芸術作品の見方や感じ方を深めるためには有効だった。鑑賞の視点を明確にし，ワークシートにまとめることで，造形の要素について理解を深めることができた。鑑賞カードは，常に提示するのではなく，生徒の実態に応じて，部分的に活用することで，主体的に意見を伝えることができていた。一方で，作者の心情や表現の意図と工夫などについては，考えることが難しい様子が見られた。理由としては，これまでの学習で，制作の背景まで考える活動がなかったことや，作者や作品についてじっくり調べる機会がなかったことが考えられるため，時数調整をして，本題材で取り扱うか，その他の美術の題材で取り扱うことを検討していき，年間指導計画の学習活動に記載していきたい。また，現在は，立体の表現活動が1学期に設定されているが，鑑賞を通して理解した造形的な視点を生かして，作品の発想や構想に生かしたり，創意工夫しながら制作したりできるように，鑑賞活動と表現活動を同時期に実施できるよう題材配列についても検討していきたい。

　本題材の作品について感じたことを言葉で伝えたり，他者の言葉を聞いて感じ方を広げたりする学習活動は，言語能力の育成にもつながるものと考える。年間指導計画の学習活動の工夫（資質・能力を育てるための工夫）の欄に言語能力を育てるための工夫を記載したり，国語科の「相手に伝えよう」等の題材の内容との関連も図ったりしていきたい。

Column8

学びに向かう力と自己効力感

　知的障害のある児童生徒の学習場面では，課題に取り組むこと自体が難しい場合が少なからずみられる。課題に関連しない事柄に子どもの注意を奪われてしまう場合，教師は，余計な刺激を減らして学習環境を整えたり，子どもの興味・関心を考慮して課題を設定したりする。集中の続く時間が限られる場合には，一度に行う課題の量を調整したり，一連の流れや区切り，ないし目標を明確に示したりする。課題内容や場面状況の理解に困難がある場合は，絵や具体物を用いて情報を補いながら，簡潔な教示に努める。そして，わずかであってもできたことを大いに称賛し，子どもの学習意欲を引き出そうと懸命に努力する。

　これらの働きかけの意義として，場面状況を工夫して子どもの学習行動を促し，称賛によってその行動の価値を伝えている点を指摘できる。言い換えれば，学習の原理に従って，学びに向かう力やその行動化を支援するものである。

　行動の生起に関わる要因には，学習のほかに認知的要因が指摘されている。認知的要因は，場面の認識や結果の予期といった心内過程が，実際の行動に作用する側面を指す。バンデュラ（1979）は，行動に関与する予期として，結果予期と効力予期の2つを区別して示した。結果予期とは行動によってもたらされる結果への期待（「こうすればこうなるはず」と予期すること）である。結果予期の形成には，上述の学習原理の他に，代理強化による観察学習（モデリング）が有効である。観察学習は他者が行動し強化を受ける過程を見ることで，自身にも同じ行動が獲得される現象である。一方，効力予期とは，その行動を自身が為しうることへの期待（「実際に自分でやれそうだ」と予期すること）である。そして，結果予期が形成されても効力予期が不足する場合は，行動は生起しにくくなる。効力予期は今日では自己効力感と呼ばれ，これを高めることが子どもの行動を支援する上ではきわめて重要と考えられている。

　自己効力感を高めるには，成功経験を積むことが大切とされている。これとの関連でも，上述の学習場面での働きかけは重要と言える。他方，バンデュラによると，人間の行動は外的な強化だけでなく，自身による強化によっても制御されている。これは自己制御学習と呼ばれ，自分の行動に対する自己評価と自己強化の働きが，動機づけの維持や向上心に深く関わっているものと考えられている。またそのため，自らの目標と評価基準をもって学習に臨むことが重要となる。この場合の成功経験を考えてみると，達成感において外的強化と異なることが推測される。

　以上のことから，学びに向かう力には，達成感を伴った成功経験を通して自己効力感が高まること，および行動の自己制御が獲得され学習への動機づけが高まることが大切であると指摘できる。また，学習に際しては障害の程度を考慮しながら，自身の目標設定や自己評価を支援することが大切であると考えられる。

（雲井 未歓）

＜参考文献＞
A・バンデュラ著　原野広太郎監訳（1979）社会的学習理論　金子書房

必要な技能に自ら気付き，友達と伝え合い，練習や試合で身に付け，発揮していく

「バスケットボール（ゴール型球技）」

1 実態

　本グループは，ゴール型球技の種目選択により，バスケットボールを希望した1年生から3年生までの男女11人で構成されている。本グループの生徒は，昼休み時間の遊び経験やスポーツクラブでの余暇活動を通して，ボールを保持したまま移動できない，攻撃と守備が流動的に入れ替わるなどのバスケットボールの競技特性について大まかに理解している。しかし，試合を通して，シュートしたボールがゴールとは大きく違うところに行き，得点が全く入らなかったり，特定の生徒が一人でボールを保持し，身動きが取れなくなったりしている様子が多く見られる。これは，試合自体の経験は豊富であるが，試合を成り立たせるシュートやドリブル，パスなどの基本的な技能がまだ十分に身に付いていないためだと考えられる。また，試合後に感想を聞くと，「楽しかったです。」，「できませんでした。」などの二分的な評価に終始し，「もっとシュートを入れるためにはどうしたらいいですか。」，「もっと友達にパスをつなぐためにはどうしたらいいですか。」などの問いに答えられず，プレーの課題に気付いたり，改善策を考えたりすることが難しい生徒がいる。これは，自分のプレーを客観的に捉えられていなかったり，試合中はボールやゴールに視野が集中し，周囲の友達の動きを把握できていなかったりするためだと考えられる。

　そこで，本題材「バスケットボール（ゴール型球技）」を設定した。ドリルゲーム（個人で行う反復練習）やタスクゲーム（集団で行う課題解決練習）を通して，基本的なボール操作や集団戦術などの技能面にアプローチすることができると考える。また，動画や教師の示範を手掛かりにプレーを客観的に振り返り，友達と伝え合う活動を通して，自他の課題に気付いたり，課題解決へ向けてチームで改善策を話し合ったりすることができると考えた。このような学習を通して，基本的な技能を高め，「できた」，「楽しい」経験を積み重ねることは，球技の楽しさや喜びをより深く味わうことにつながり，子どもたちの豊かなスポーツライフを実現していく点からも大きな意義があると考える。

2 題材の目標

(1) 全体目標

　ア　ドリルゲームやタスクゲームを通して，基本的な技能を身に付けることができる。

イ　動画でプレーの様子を振り返ったり，教師の示範を見たりする活動を通して，自分やチームの課題に気付いたり，改善策についてチームで話し合ったりすることができる。

(2) 目指す姿（資質・能力）

目指す姿 <知識・技能，思考力・判断力・表現力等，学びに向かう力・人間性等>
○　バスケットボールに大切な基本的なボール操作やボールを持たないときの動きを身に付ける姿<知識・技能><思考力・判断力・表現力> ○　自分やチームの課題に気付いたり，改善策について考え，友達に伝えたりする姿 <思考力・判断力・表現力><学びに向かう力・人間性等>

3　題材の指導計画（全11時間）

　第一次では，けがにつながる接触プレーの反則と，試合時間5分，どの位置からシュートを決めても1点という大まかなルールだけ設定し，試しのゲームを行う。試合後に動画でプレーの様子を振り返り，同年代の高校生の試合の様子と比較したり，試合の中でうまくいかなかったことを全体で共有したりすることで，試合を成り立たせるシュートやドリブル，パスなどの基本的なボール操作の大切さに気付くことができるようにした。また，バスケットボールを使ったウォーミングアップやチーム対抗ボール回しリレーなどの簡単なボール運動を設定することで，ボールの素材や特性，簡単な操作に慣れたり，チームの友達と協力してプレーする経験を積み重ねたりすることができるようにした。

　第二次では，ゴール下やフリースローラインからのシュートチャレンジやドリブルリレー，的当てパスゲームなどのドリルゲームを設定することで，楽しく主体的に活動しながら，シュートやドリブル，パスなどの基本的なボール操作を身に付けることができるようにした。その際に，教師が動きを言語化しながら示範をすることで，技能のポイントを理解することができるようにした。また，プレーする人数やコートの広さを制限して，ハーフコートで2対1，3対2などのタスクゲームを設定することで，空間への走り込みや守備のマークの仕方などのボールを持たないときの動きに気付き，身に付けることができるようにした。

　第三次では，①前時の試合の振り返りを受けて，チームの目標や作戦を話し合う，②チームで必要な練習をする，③試合をする，④映像を見て試合を振り返り，チームで課題や改善策を話し合うという流れで学習を設定する。チームの目標や作戦が達成されている場面とそうでない場面の写真を比較したり，教師が示したポイントを動画を見ながら振り返ったりすることで，自分やチームの課題に気付き，気付いた課題について，チームで話し合うことができるようにした。また，作戦ボード（マグネットボード上でチームの友達の顔写真やボールのイラストを操作することができるように

したもの）を活用することで，課題に対して自分が考える改善策をチームの友達に分かりやすく伝えることができるようにした。

4　本時（7 ／ 11　第二次）

(1) 前時までの学習の様子

　前時までに子どもたちは，様々な位置からのシュートチャレンジを通して，シュート時の体の向きや構え，膝を使ったシュートの打ち方などについて理解を深め，シュートをする位置に応じて力を調整してゴールを狙うことができるようになってきた。また，ゴールを狙いやすい位置までドリブルでボールを運

シュート練習の様子

んでシュートするドリブルシュートを行うなど，ドリルゲームで身に付けた技能を組み合わせ，タスクゲームの中で発揮することができるようになってきた。さらに，二人組でのパス練習を通して，チェストパスやバウンズパス，オーバーハンドパスなど様々なパスの方法を身に付け，間に守備者を入れて行う三角パス練習では，状況に応じて効果的なパスを選択して，友達にボールをつなぐなど，シュート，ドリブル，パスなどの基本的なボール操作について技能を高めてきた。

　前時までの授業ミーティングでは，シュートしたボールがゴール方向に飛ばなかった生徒が何度も得点を決める姿やボールを保持したまま移動していた生徒がドリブルでボールを運ぶ姿，一人でボールを保持して身動きが取れなくなっていた生徒が友達にパスをする姿などが学んでいる姿として挙げられた。一方で，試合の中でボールをただ目で追っている姿や友達にパスを出した後に動きが止まっている姿，その場で動かずにパスを要求する姿など，ボールを持たないときの動きが学びにつまずいている姿として多く挙げられた。

　そこで本時では，前時までのプレーの様子を動画で振り返ったり，教師の示範を見たりする活動を通して，ボールを持たないときの動きの課題に気付いたり，作戦ボードを活用しながら，改善策についてチームで話し合ったりすることができるようにした。また，プレーする人数やコートの広さを制限したタスクゲームを通して，ボールを持たないときの動きを身に付けることができるようにした。

(2) 本時の全体目標

　ア　ハーフコート２対１のタスクゲームを通して，パス＆ランの動きを身に付けることができる。

　イ　動画でプレーの様子を振り返ったり，教師の示範を見たりする活動を通して，ボールを持たないときの動きの課題に気付いたり，得点を取るために効果的な動きについてチームで話し合ったりすることができる。

(3) 実際

過程	学習活動	授業で目指す姿	具体的な手立て
導入	1 ボール回しリレーをする。	・ 友達にパスをしてボールをつなぐ姿 基・思	・ パスをつなぐ立ち位置や条件を調整することで，足を踏み出して力強くパスしたり，距離に応じてパスの種類を選択したりすることができるようにする。
	2 シュートチャレンジをする。	・ 友達からパスを受けて，ドリブルでボールを運び，シュートする姿 基・思	・ 技能のポイントを提示し，周囲の友達が言葉掛けすることで，ポイントに気を付けて，ドリブルシュートができるようにする。
展開	3 ボールを持たないときの効果的な動きについて考える。	・ ボールを持たないときの動きの課題に気付く姿 基・思	・ 動画や教師の示範を見ることで，ボールを持たないときの動きの課題に気付くことができるようにする。
		・ 得点を取るための動きについて友達に伝える姿 思・人	・ 作戦ボードを活用することで，自分の考えを友達に分かりやすく伝えることができるようにする。
	4 パス＆ランの練習をする。	・ パスをした後に，前方の空間に走り込む姿 基・思・主	・ ハーフコート2対1を設定することで，課題内容を十分に理解し，プレーすることができるようにする。
終末	5 練習の成果を発表する。	・ 成果の発表をしながら，パス＆ランのポイントを友達に伝える姿 思・人	・ パスをした後の走る方向や速さなどの具体的な発問を手掛かりに，要点を整理して友達に伝えることができるようにする。
		・ 友達の成果の発表を見て，良いところに気付き，発表する姿 思・主・人	・ 成果の発表を見る際に，注目するポイントを教師が提示することで，友達の良いところに気付くことができるようにする。

(4) 学びの姿

　本時の「ボールを持たないときの動きの課題に気付き，効果的な動きをチームで話し合う」，「パス＆ランの動きを身に付ける」という目標は，ほぼ達成することができた。具体的には，教師と着目するポイントを事前に確認してから動画を見たり，実際に教師がその場面を再現したりすることで，ボールを持たない人の動きに着目し，「ボールを持たない人が立って見ています。」，「パスを出した後に動きが止まっています。」など，課題に気付くことができていた。具体的な試合場面を設定し，「こ

ボールを持たないときの効果的な動きについて話し合う様子

パス＆ランの練習の様子

の状況では，どこに動いたら得点につながりやすいですか。」という教師の問いに対して，作戦ボードを活用しながらチームで話し合い，「ゴールの近くでパスをもらいたいので前方へ動いたらどうですか。」，「相手のいないところに動いたほうがいいですね。」などと，マグネットを動かしながら，ボールを持たないときの効果的な動きについて話し合うことができていた。話合いの過程で，それぞれが考えたことを友達に分かりやすく伝えたり，相手の考えを聞いて，「そういう動きもいいですね。」と意見を受け入れたりしながら，生徒同士で学び合う姿から，思考・判断・表現や人間関係に関する資質・能力の高まりを見取ることができた。ボールを持たないときの効果的な動きのポイントについて，全体で共有した後に行ったパス＆ランの練習では，人数やコートの広さを制限し，ハーフコート２対１で行うことで，パスを出したら前方のスペースへ走るという課題内容を十分に理解し，練習に取り組むことができていた。練習の過程で，友達のプレーの様子を見て，パスを出した後にもっと早く走ったほうがよいことに気付いて，アドバイスをしたり，友達の上手なプレーを見て，「私もあんな風にやってみたい。」と列の後ろで体を動かしたりする姿から，思考・判断・表現や主体性に関する資質・能力の高まりを見とることができた。

　本題材は，全員が興味の高いシュートゲームから始め，ドリブル，パス，ボールを持たない動きという流れで展開した。それぞれの技能のポイントを理解し，少しずつ定着してきた段階で，「シュートが入りやすいゴールの近くに行くにはどうしたらよいですか。」，「相手がドリブルを邪魔してきたときはどうしたらよいですか。」，「ボールを持っていないときの動きはどうしたらよいですか。」などと，教師が学習課題を提示することで，今の自分たちに必要な技能について自ら気付き，友達と伝え合い，練習や試合で身に付けていくことができた。このような学習の流れが，技能の習得だけでなく，生徒の「楽しい」，「やりたい」という学習意欲や主体性，「できた」という大きな達成感にもつながったと考えられる。本題材が始まってから昼休み時間や余暇などに，球技に親しむ生徒が増えたことから，体育の授業が生徒たちの豊かなスポーツライフ実現に果たす役割は非常に大きいと改めて感じた。

5　授業（教科等）反省から教育課程へ

　本題材「バスケットボール」では，自分や友達のプレーを動画で振り返る機会を多く設定した。自分のプレーを想起することが難しく，曖昧で二分的な評価に終始したり，試合中に周囲の友達の動きを把握できていなかったりしていた生徒にとって，注目するポイントを教師と確認してから，動画を視聴することは，客観的にプレーを振り返り，成果や課題を思考・判断するという点で非常に効果的であった。また，動画視聴後に教師が同じ状況を再現し，「なぜ」や「どのように」を考える場を設定することで，生徒から多くの気付きや意見が出るなど，更に学びを深めていく様子も見られた。これらの学習活動や手立ては，問題を発見して自分の考えを形成する情報活用能力や物事から問題を見いだして解決方法を探す問題発見解決能力などの学習の基盤となる資質・能力を育む点においても重要であると考え，年間指導計画の資質・能力を育てるための工夫に今後記載していきたいと考える。また，自分の考えを他者に表現する際に使用した作戦ボードは，聞く側にも伝わりやすく，生徒同士で学び合うという人間関係の資質・能力の高まりにもつながり，こちらの手立ても併せて年間指導計画に記載したい。

　本題材の実施時期については，産業現場等における実習や学校行事との重なりで，体育館が使用できなかったり，実施期間自体が短かったりするという意見もあったが，運動会練習と関連して実施する陸上競技や運動会終了後に実施する水泳など，年間題材配列との兼ね合いから，今の時期が適当であると考えられ，来年度以降も9月から10月中旬にかけて実施することを学部や教科等部で共通理解した。

天気調べを自分たちの生活に活用していく

「あめのひのすごしかた」（6月）

1 実態

　本学級の児童は，学校や家庭で毎日の天気を確認することを通して，その日の天気を判断したり，天気によって予定が変更になることを理解したりしてきている。しかし，楽しみにしている学校行事があっても，天気を自分たちで調べようとすることはない。これは，天気への興味・関心が高まっていないことに加え，天気予報の調べ方や便利さを知ったり，実感できていなかったりすることが考えられる。また，晴天時には，周囲の状況や前を歩く人との距離に気を付けて安全に道路歩行ができている児童も，雨天時には，傘を差すことで，うつむいてしまい，周囲の安全確認が難しい様子があった。これは，雨天に校外で傘を差して出掛ける機会が少ないことや傘を差した状況での安全に関する内容を学んできていないことが考えられる。

　そこで，梅雨になり雨が多くなる時期に，「あめのひのすごしかた」という単元を設定した。梅雨に入る時期に継続的に天気を調べる活動を設定することで，自然（天気）への興味・関心が高まりやすく，天気に応じた遊びを考える必然性が生まれる。さらに，授業で学んだ傘の差し方を生活場面ですぐに活用できることに意義があると考えた。

2 単元の目標

(1) 全体目標

　ア　天気予報の見方やこの時期の天気の特徴に気付いたり，天気に応じて必要な道具を考え，雨天でも安全に歩行したりすることができる。

　イ　友達と使う道具や材料を共有したり，材料の組み合わせを自分で考えたりして，一緒に遊ぶ物を作ることができる。

(2) 目指す姿（資質・能力）

目指す姿 <知識・技能，思考力・判断力・表現力等，学びに向かう力・人間性等>
○　天気予報を調べる方法や天気の記号の意味を知る姿<知識・技能>
○　天気に応じて必要な道具を考える姿<思考力・判断力・表現力等>
○　使う道具や材料の特性を考えたり，組み合わせたりして工作をする姿<知識・技能，思考力・判断力・表現力等>
○　傘の正しい差し方を知り，自分のことや周りの人のことを考えて傘を正しく差そうとする姿<知識・技能，学びに向かう力・人間性等>

3 単元の指導計画（全14時間）

　6月に入り，雨の日が続いて室内で遊ぶことが多くなる梅雨の時期に合わせて，室内に子どもたちがごっこ遊びや製作遊びができる段ボールハウスを作る活動（図画工作科）や，その材料を買いに行く校外学習を設定し，天気予報の調べ方，調べて分かった天気予報を活用する機会や表に整理する活動（生活科，算数科）を設定した。

【第一次】

　子どもたちが毎朝取り組んでいる天気調べに対して，「明日の天気はどうだろう？」という問いから始め，天気を調べる方法を考え，タブレット端末のアプリの使い方を自分たちで試しながら知っていく活動を設定した。その中で，調べた天気と，日付を対応させながら簡単な表にまとめていくことができるようにした。作成した表は，教室に掲示していつでも見ることができるようにしておくことで，いろいろな人が活用する様子から天気予報の便利さを味わうことができるようにした。

【第二次】

　天気調べによって分かった雨が多いということから，「室内で他の学級の友達も遊べる場を作ろう！」という活動を設定した。中型の簡易テントをプレイルームに組み立て，大量の段ボールを準備することで，日頃と違う遊びを展開できるようにした。その際，必要な道具や材料を考え，必要な道具を教師に伝えたり，自分たちで準備したりできるようにした。

【第三次】

　「遊び場を作る材料が足りない！買いに行こう！」と，買物に出掛ける活動を設定した。買物に行くための計画を考える際に，「何を持っていけばいいかな？」と問い掛けることで，天気を調べる必要性に気付くことをねらいとした。さらに，雨の日の道路歩行の危険性についても，学習の中で伝え，傘の差し方や雨の日に気を付けることについても学ぶ機会を設定した。

4 本時（10／14　第三次）

(1) 前時までの学習の様子

　前時までに子どもたちは，タブレット端末を用いて自分たちで天気を調べ，今日の天気だけでなく一週間の天気を調べて表にまとめることができるようになってきた。また，室内に設置したテントに段ボールで壁を作ったり，材料を組み合わせてテレビや冷蔵庫といった家具に見立てたりして，自分たちで遊び場を作りながら工夫する楽しさを味わってきた。

段ボールで家具を作ってごっこ遊びをしている様子

前時までの授業ミーティングでは，友達に関わる姿が増えてきていることや自分たちで遊びを展開していく中で，材料が少なくなってきていることに気付く姿が挙げられた。一方で，室内遊びを展開する際，教室に掲示している一週間の天気をまとめた表を，自分たちで確認したり，活用したりする姿が少ないことも挙げられた。

本時では，遊びの場を作るために必要な材料を買いに行くことを提案し，校外学習に向けて必要な計画を考える活動を設定した。その中で，友達と一緒に出掛ける日の天気を調べたり，調べた天気を活用して友達と相談しながら持っていく荷物を考えたりすることをねらいとした。

(2) 本時の全体目標

校外学習の計画を友達と話し合う活動を通して，校外学習を行う日の天気を調べたり，天気に応じて必要な持ち物を考えて準備したりすることができる。

(3) 実際

過程	学習活動	授業で目指す姿	具体的な手立て
導入	1　学習のめあてを考える。 てんきをしらべてなにをもっていくかきめよう	・　道具を考えるためには，その日の天気を調べる必要があることに気付く姿 主・思	・　動機付けとして，出掛ける日の天気が分からずに，持っていく荷物が決められずにいることを伝える。
展開	2　グループに分かれて，天気と荷物を考える。	・　友達と相談し，役割を決める姿　学・人 ・　自分たちで校外学習の日の天気を調べ，判断する姿 基・思 ・　天気によって持っていく荷物が変わることに気付き，イラストを貼り分ける姿 基・思	・　グループに分かれる際に，誰と組むかを相談して決める。 ・　興味・関心の高いタブレット端末を用いた活動を設定する。 ・　表に日付，曜日，天気を記入することで校外学習の日の天気を判断できるようにする。 ・　晴れと雨に分けた台紙を準備し，荷物のイラストを貼り分けながら考えることができるようにする。
終末	3　調べたことを発表する。	・　調べて分かったことを自分の言葉で伝えようとする姿 主・人	・　自分たちでまとめた表や台紙を用いて発表できるようにする。発表する人，掲示する人といった役割を決めるようにする。

(4) 学びの姿

　本時の「天気調べを活用する」,「天気に応じた荷物を判断する」という目標は,ほぼ達成することができた。具体的には,天気調べについて,これまでに学習してきた方法や経験を生かして,タブレット端末を使って調べる方法を選択し,表にまとめていくことができていた。児童によっては,記入する欄がずれることがあったが,「確かめ

ペアで天気予報を調べて,ワークシートの表にまとめる様子

てみようか。」と言葉掛けをすると自分で間違いに気付いて修正することができた。道具調べでは,傘等の雨具は,迷わずに「雨の日に使う。」と選択して雨の台紙に貼ることができていた。晴れでも雨でも使う道具（タオル）に関して,どうすればよいか迷う姿が多く見られた。これは,タオルは,「濡れるから」という考え方の他に,「汗をかくから」といった考え方もでき,晴れでも雨でも必要というような新たな選択肢を生み出すまでには至らなかった。

　授業で目指した資質・能力については,学習計画表を確認する子どもたちからは,買物へ出掛ける期待感が感じられた。本時の学習活動に見通しをもつ場面では,天気が分からず,持っていく荷物が決められない教師の困った姿を見て,子どもから「だったら調べたらいいんだよ。（タブレット端末で）分かるよ！」とこれまでに学習してきた天気の調べ方を生かして,課題の解決を図ろうとする応答が返ってきた。他の子どもも,そのやりとりを聞いてうなずくなど,それぞれの児童が課題解決までの道筋を描くことができた様子から,主体性や思考・判断・表現に関して力を付けてきている姿を見ることができた。また,ペアを組んで学習活動を行う中で,友達と答え合わせをすることで自分の間違いに気付いたり,友達と一緒に悩んだりする姿も多く見ることができた。友達の考えを支えにすることで,自分の考えや答えに自信をもって伝えようとする本学級の子どもたちにとって,ペアを作って活動を行うことは有効であったと考える。

　本単元で学習した天気調べは,学級掲示の一つとなり,毎週一週間の天気調べを行うようにした。二学期にあった「しぜんのいえにとまろう」の単元でも,「天気はどうかな。」と子どもたちから質問してくることもあった。もちろん,「自分たちで調べられるよね。」と返事し,タブレット端末を使って調べ,「１日目は晴れだよ。２日目は雨み

天気に応じて必要な道具イラストを切って準備している児童

たい。」と活用することができた。自分で調べられるようになったということだけでなく，自分たちの計画を考える上で天気が大事だということに気付くことができるようになったことは，大きな成長だと感じた。

5　授業（教科等）反省から教育課程へ

　本単元を終えて行った学期末の教科等反省に書いた内容に加え，学部内で他の学級の実践から挙げられた内容を合わせて記載する。

　梅雨時期における屋外及び屋内での過ごし方を考える活動を通して，生活科，算数科，図画工作科の内容を教えることを意図した単元であった。一つの単元の中で，屋外と屋内の活動が行き来することになり，途中で子どもたちが思考や活動の流れを切り替える必要があったため，本単元で「何を学ぶか」を捉えづらかったのではないかと感じた。このことから，梅雨の天気の特徴について調べる屋外の活動を中心とした単元と屋内での遊びや工作を中心とした単元に分けて単元化を図ることも改善の一方向性として考えていきたい。

　単元で扱った生活科「生命・自然」の内容をこの時期に扱うことは，子どもたちの生活文脈に沿っていたと感じる。生活科「生命・自然」の内容と生活科「安全」の内容を合わせて指導することは有効であり，身に付けた知識・技能を活用する場面が学習だけでなく生活場面でもすぐに設定できるよさがある。この二つの内容については，一学期に扱っておくことで，その後の学習で活用できる機会が多いので，実施時期についても良かったと考える。一方で，同時期に設定した図画工作科の「つくってあそぼう」については，扱う各教科等の内容に重なりがあり，学習活動によっては，目標の違いを明確にできないこともあったため，図画工作科の配列を変更することにした。また，雨が多い梅雨だからといって，授業が設定されている日に必ず雨が降るということはなく，計画どおりに学習が進められないことも多かったという課題が挙げられた。

Column9

評価と妥当性

　教育における評価は，児童生徒の学習経過や到達度に関する客観的な情報と，それを価値づける考察とで成り立つ。その時点での実態を把握することだけでなく，その後の指導や支援に役立てることを目的に行うものである。そのため，評価結果は児童生徒に返されるとともに，指導の改善のために教師にもフィードバックされることが不可欠である。

　評価に際して最も重要なことの一つは，何を評価するのか（対象）と，どうやって評価するのか（手段）を周到に検討することである。学習指導との関連では，評価規準と評価基準がそれぞれ対象と手段に相当すると言うことができる。評価の対象は，普通は抽象的ないし概念的なものであり，直接観察したり，測定したりすることはできないものである。そのため，手段としては，対象をよく反映すると思われる具体的な観察項目を設定して指標にするのである。こうした方法は，科学における操作主義の考え方に基づいている。操作主義では，形のないものや観念上の存在を，観察可能な事象に反映させる操作によって確かめられると考える。例えば，知能検査は言うまでもなく知能を測定する道具であるが，知能は人間が考え出した科学的概念であって，直接測定はできない。そこで検査では，知能との関連が深いと思われる具体的な課題を多数用意し，その成績に反映されるものが知能であると考えるのである。学力テストや体力テストも基本的に同様である。

　このことからは，評価のための具体的な操作には，評価しようとする対象がより確実に反映されるものが求められる。これとの関連で，対象がどの程度的確に反映されるのかを妥当性と言う。しかしながら，対象が直接観察できないものである以上，妥当性もまた直接には確かめたり，高めたりはできないものである。この点について，上述の知能検査の例では課題の成績が知能を反映するとしたが，その妥当性は，例えば検査得点と生活年齢とが相関することを示したり（基準連関妥当性），他の知能検査との相関を示したり（構成概念妥当性）することで検証することができる。また，対象と手段の関係が丁寧に検討され，関係者間や外部の専門家との間で合意されている場合には，当面はこれを妥当と判断する方法もある（内容的妥当性）。教育実践や学校研究における評価ではこの方法が合理的と考えられる。

　なお，評価は指導と同様に定期的に点検し，必要に応じて修正することも大切である。しかし，短期間のうちに評価方法を大きく変更することは，評価の一貫性を損なう危険性もある。そのため，評価方法の設定には，周到な検討が必要なのである。　　　　　　　　　　　（雲井 未歓）

＜参考文献＞
村山航（2012）妥当性－概念の歴史的変遷と心理測定学的観点からの考察－　教育心理学年報51　pp.118-130

販売の準備活動を行う生活文脈から教科の内容を学び，資質・能力を育む

「校外販売会をしよう」

1 実態

　本実践の生徒は，木工班に所属する 7 人の生徒で構成されている。生徒たちは，これまでに，材料の切断や研磨，組立てなどのそれぞれの作業工程において，正確な作業とは具体的にどのようなポイントを押さえて作業に取り組むことなのかということを友達や教師と確認してきた。その際，「すぐに壊れてしまう製品は買った人が困るから。」，「くぎが出ていたら買った人がけがをするかもしれないから。」，「見た目が悪いと売れないから。」など買い手の立場を想像することで，なぜ正確に作業をしなければならないのかという，正確な作業の必要性について考えてきた。生徒たち自ら見出してきた正確な作業のポイントを確認しながら実際に製品作りに取り組むことで，正確な作業が行えるようになってきており，商品として販売することができる製品を作ることができるようになりつつある。しかし，販売会をする目的を教師に問われると，「（売上が）給料になるから。」と，答える生徒が多い。このことから，売上が報酬になるということを理解しているものの，売上の一部が製作に必要な材料費に充てられていることを理解するまでに至っていないと考えた。そこで，生産・販売・消費という一連の仕組みについての理解を深める活動を設定することにした。さらに，販売することについて，自分たちが作った製品を多くの人に購入してもらうために必要な事柄を教師から問われると，「『いらっしゃいませ。』と大きな声でお客さんを呼ぶ。」等，挨拶や態度のことについて返答する生徒が多く，これまでに意識しながら学習に取り組んできた様子が見られた。一方で，販売における製品の紹介の仕方，販売促進に向けた工夫についても理解を深めたいと考えた。

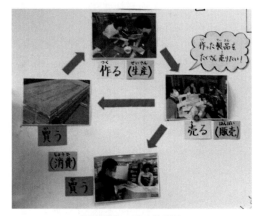

経済活動一連の仕組み

2 単元題材の目標

(1) 全体目標

　ア　友達と製品に応じた材料や道具を選んだり，加工の仕方を確認したりしながら

製作することができる。

イ　経済活動の一連の仕組みを作業学習の取組に置き換えて整理する活動を通して，「生産」，「販売」，「消費」の一連の仕組みを理解することができる。

ウ　友達と販売に必要な事柄をまとめ，準備する活動を通して，製品を販売することができる。

(2) 目指す姿（資質・能力）

目指す姿 <知識・技能，思考力・判断力・表現力等，学びに向かう力・人間性等>
※　後述「4　本時」に関するものを抜粋 ○　作業学習の活動の流れと結び付けて，生産，販売，消費の流れを理解し，校外販売会で多くの製品を売るために必要なことを意識しながら準備活動に取り組む姿 　　<知識・技能，学びに向かう力・人間性等> ○　ポップと陳列の試案を検討する活動を通して，良いと思う点，工夫が必要だと思う点について自分の考えを友達に伝える姿<思考力・判断力・表現力等，学びに向かう力・人間性等> ○　もらった意見を参考に，友達と話し合ってポップと陳列で改善するところを決める姿<思考力・判断力・表現力等，学びに向かう力・人間性等> ○　分かりやすいポップに近づけるために，文字の大きさや太さ，形，色をどのように工夫するのか考える姿<知識・技能，思考力・判断力・表現力等> ○　見付けやすく，取りやすい陳列にするために，並べる製品の数や種類，位置を考える姿<思考力・判断力・表現力等，学びに向かう力・人間性等>

3　指導計画（全 41 時間）

【第一次】

・　生産・販売・消費の一連の仕組みについて，作業学習や生活単元学習などと関連付けて，写真や図を用いて整理する活動を毎時の導入で設定することで，経済活動の一連の仕組みについて理解を深めることができるようにした。

・　生徒が，製品ができるまでの一連の工程を説明したり，自分が担当する工程を写真から選んだりする活動を設定することで，製品作りに見通しをもって取り組むことができるようにした。

・　自分が担当する工程や各手順に応じた材料や道具を友達と話し合ったり，写真で確認したりする活動を設定することで，必要な材料や道具を自分たちで準備してから製品作りに取り組むことができるようにした。

・　これまでの作業学習の中で話し合ったり，まとめたりした良品を作るポイントを，同じ作業工程を担当する友達や教師と確認することで，正確に製品を作ることができるようにした。

【第二次】

・　実際の店舗の写真や教師が準備したポップのモデルなどを参考にしながら，販

売会に必要な具体的な準備物について考えたり，話し合ってまとめたりする活動を設定することで，販売会に向けた具体的な取組について決めることができるようにした。

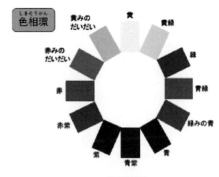

色相環図

- ・ モデルのポップを基に，色相環図から見やすい色の組合せを確認したり，文字の大きさ・太さ・フォント（形，字体）による見え方の違いを確認したりすることで，「分かりやすい」ポップについて理解を深め，ポップの試案作りをすることができるようにした（ポップ班）。
- ・ 実際の店舗の写真等を参考にし，製品を操作しながら友達と意見を出し合って販売スペースに対する製品の種類や数，並べ方を考える活動を設定することで，販売会に来たお客様が製品を見付けやすく，取りやすくするための陳列試案を決めることができるようにした（陳列班）。
- ・ ポップ班や陳列班の試案について発表し合い，観点に沿って評価し合う活動を設定することで，意見を参考に試案を再検討し，ポップと陳列の決定案を考えることができるようにした。

【第三次】

- ・ 校外販売会の売上やアンケート，VTR，写真から販売に関することを振り返ることで，人気製品や製品の良否，ポップや陳列の販売への効果についてまとめ，これからの製品作りや次の販売会に向けた取組について決めたり，目標を立てたりすることができるようにした。

4 本時（32／41 第二次）

(1) 前時までの学習の様子

生徒たちは，前時までに，生産・販売・消費という経済活動の一連の仕組みについて，これまでの作業学習等での活動に置き換えて考えることで，自分たちの生活に身近なこととして捉えることができるようになってきた。また，製品作りや販売会の目的について確認することで，製品を多く売るために販売に向けた準備をするという目的意識をもって学習に取り組んできた。

製品を多く売るために「分かりやすい」ポップや「見やすい・取りやすい」陳列が大事であることに気付いて意見する姿

前時では，販売会に向けた準備活動として，ポップのデザインと陳列の仕方について取り上げ，三つのグループに分かれて試案をまとめた。試案を考える際，実際の店のポップのデザインや陳列の仕方の写真を参考にしながら，「『分かりやすい』ポップにすること」や，「製品が『見やすい』，『取りやすい』陳列にすること」が大事であることに気付く姿が見られた。授業ミーティングでは，実際の店のポップのデザインや陳列の仕方を参考にしながら，字体表や色相関図，色のイメージカードを手掛かりにポップの試案をまとめる姿や，製品の高さや奥行きを確かめながら，見やすさや取りやすさを考慮した陳列の試案をまとめる姿が挙げられた。また，ポップの試案については，手掛かりを活用したが，ポップに記載する情報（製品名や価格など）について，主張したい情報を中心にして，配置や大きさを整理することが難しい姿が挙げられた。

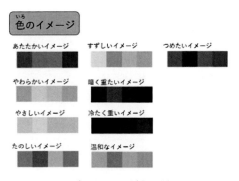

色のイメージカード

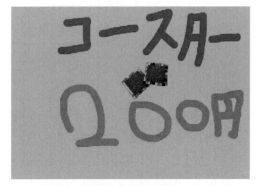

ポップの試案：配置や大きさを整理することが難しい姿

そこで本時では，それぞれのグループで考えたポップと陳列の試案を発表し合い，友達が発表した試案について自分の意見をコメント用紙に記入する活動を設定した。そして，自分たちが発表した試案に対するコメントを同じグループの友達と整理し，再度話し合うことで，ポップのデザインと陳列の仕方の案を修正し改めて発表することができるようにした。

(2) 本時の全体目標

　製品のポップや陳列の試案に対する友達の意見を整理して，変更点等を話し合う活動を通して，班としての意見をまとめることができる。

(3) 実際

過程	学習活動	授業で目指す姿	具体的な手立て
導入	1　前時までの学習について振り返る。	・　経済活動の基本的な流れについて図や写真，文字カードで整理する姿　基・思	・　経済活動の基本的な流れについて，図と写真に応じて「生産」,「消費」,「販売」の文字カードを対応させる活動を設定する。
展開	2　グループごとにポップとデザインの試案を発表する。 (1) 発表前の最終打合せをする。	・　前時でまとめた試案を基に，他のグループの友達に工夫したこと等を伝える姿　基・思・人	・　工夫点を伝える人や工夫した場所などを具体的に示す人など，役割を決める。 ・　試案を基に，伝える内容を確認する活動を設定する。
展開	(2) 試案を発表する。 (3) 発表を聞いて，意見や感想をまとめる。	・　他のグループの発表を聞いて，良かったことや改善が必要なことを見付けてまとめる姿　思	・　コメント用紙は，書く際の視点を示し，自由記述式のものや言葉やイラストの選択肢があるものを使用することで，実態に応じて，発表を聞いて思ったことを表現できるようにする。
展開	3　グループごとに，他のグループからのコメントを参考にして案をまとめる。	・　他のグループのコメントから，自分たちの試案の良い点や改善点を見付けて伝え合う姿　思・人	・　他のグループからのコメントを友達と読み合い，視点ごとに表に整理する活動を設定する。
終末	4　まとめた案を発表する。	・　コメントを整理した表を手掛かりに，ポップの文字や写真の大きさ，陳列の仕方などについて現状維持したり，改善したりして決定案をまとめる姿　基・思・人	・　前時で使用した色相関図や字体表，色のイメージカードを使用することで，コメントを基にポップに記載する情報を調整できるようにする。

(4) 学びの姿

　　本時の「製品のポップや陳列の試案に対する友達の意見を整理する」や「変更点等を話し合って，班としての意見をまとめる」という目標は，ほぼ達成することができた。具体的には，ポップ班や陳列班が考えた試案を発表し，実態に応じたコメント用紙を使用することで，「文字の大きさが見やすかった。」や「椅子は（高さがあるから）後ろにおいた方がよい。」など，良かったところや改善した方がよいところをまとめることができた。また，他のグループからもらったコメント用紙を読み取りながら，「文字の色」や「文字の大きさ」,「製品の並べ方」,「製品の数」な

どの視点に沿って表に整理することができた。決定案をまとめる活動では，表に整理したコメントを基に，ポップの文字の色や大きさを変更したり調整したりする姿が見られた。陳列においても，コメントを基に製品の配置を変えたり，並べる個数を調整したりする姿が見られた。

コメントを視点に沿って表に整理する姿

授業で目指した資質・能力については，ポップや陳列の試案をまとめるときや，試案に対してもらったコメントを表に整理するときなどに，グループの友達と話し合って意見をまとめる活動を設定することで，「平たいものは，（お客さん）が手に取りやすいように，前の方に並べてみよう。」や，「文字は〇色にして大きくした方が遠くから見ても見やすいかもね。」などと意見を伝え合う姿が見られるようになった。意見を出し合う際に，実際の店舗で使われているポップや陳列例を示した

製品陳列について意見を伝える姿

り，色相関図や字体表，色のイメージカードなどを手掛かりにしたりしたことが有効だったように考える。また，ポップや陳列など販売の準備活動の際に役割を決めたり，話し合う視点を決めたりし，グループの友達と話し合う活動を多く設定したことで，友達同士で意見を伝え合う関係性が見られるようになったのではないかと考える。

本単元における経済活動の基本的な流れを言葉カードと写真で対応させて整理する活動は，次単元「ふとくフェスティバルで製品を販売しよう」でも設定した。生徒たちは，本単元で学んだことを生かし，「これは消費だね。」や「今度はふとくフェスティバルに向けて製品を作らないといけないから，また『生産』だね。」などと，意見を出し合いながらホワイトボードに示す姿が見られた。また，ふとくフェスティバルにおける販売活動の準備では，陳列について「お客さんが入ってくるのはこっちだから，製品を斜めに向けてみたらどうかな。」や「壁に（製品を）立て掛けた方が色も見やすいと思うよ。」などと，ポップ班の生徒も意見を出し，本単元で学んだことを活用して協力しながら準備をする姿が見られるようになった。

5　授業（教科等）反省から教育課程へ

　校外販売会の準備活動を行うという学習の中で，学ぶことができる教科の内容を明確にし，各教科の見方・考え方を働かせて学習する工夫を考え，実践を行った。教科等反省において，校外販売会で製品を多く売るために，友達と協力して準備活動に取り組むという自然な生活文脈の中で，経済活動の基本的な流れや，ポップの色彩や文字の大小，陳列における空間の使い方，発表活動における伝える内容の整理など，職業科の内容だけでなく，国語科や数学科，美術科，社会科の内容を学ぶ姿が見られたことから，扱う教科の内容は適切だったと感じた。また，モデルの年間指導計画に示されている学習活動の流れを参考に授業計画シートを作成したが，各教科の内容を学ぶために必要な学習活動が順序も含めて適切に設定されていたと，他の作業班からも意見が挙がった。今後も本単元においては，生徒の実態に応じながら，モデルの年間指導計画に示してある学習活動を基に計画を立てるのが良いと感じた。

　資質・能力については，ポップ作りと製品陳列を考える視点を明確にし，視点に沿って試案を考え，友達同士で試案を評価し，さらに視点に沿って修正して決定案を考えるという一連の学習活動を設定し，主体的・対話的で深い学びが生まれるように工夫したことで，資質・能力を育む姿を確認することができた。本単元だけでなく次単元，教科別における指導などにおいても同様に，友達同士で活動する際に，考える視点や視点を補足する各教科の知識・技能に関する情報，話し合う方法をイラストと文字で視覚化するなど，主体的・対話的で深い学びが生まれるような工夫を設定していくことが資質・能力を育む上で大切になってくるのではないかと感じた。

　一方，時数については，一単元としては多すぎて目標設定が多岐にわたり，ねらいが分かりにくくなるという意見が挙がった。改善案として，小単元化することで本単元のねらいに迫るのも良いのではないかという意見が挙がった。

資料

教育課程の編成

1　教育課程の編成に当たって

1　教育課程編成の基本方針

(1)　関係法令及び学習指導要領に基づき，児童生徒一人一人の生きる力を育む教育課程を編成する。

(2)　学校教育目標の達成を図るために，児童生徒の実態等を踏まえて指導内容や授業時数を組織し，年間指導計画等を作成する。実践を通して各指導計画の評価及び改善を行うようにする。

(3)　児童生徒一人一人の豊かな学びを目指す。具体的には，授業の評価や授業研究を通して，児童生徒の学びに有効又は必要であった指導内容や学習活動，授業時数を指導計画に反映させる。

(4)　小学部，中学部，高等部の指導に一貫性をもたせるとともに，教科等又は教科等間の指導内容の順序性や系統性，発展性及び関連性を明確にする。

(5)　本校や地域の特性，児童生徒や保護者の願いを踏まえた教育活動を展開できるようにする。

(6)　カリキュラム・マネジメント委員会等で審議した事柄については，全教職員で共通理解を図るとともに，校長の責任の下，学校全体で教育活動の推進に努める。

2　教育課程編成に当たっての共通理解事項

(1) 教科別の指導

　　小学部においては，国語，算数，音楽，図画工作，体育を，中学部においては，国語，数学，音楽，美術，保健体育を，高等部においては，国語，数学，音楽，美術，保健体育を教科別の指導で行う。教科別の指導を設ける場合においても，各教科の内容に応じてその一部を合わせた指導の形態の中で取り扱うことがある。

　　指導計画の作成に当たっては，児童生徒一人一人の実態や発達の段階，生活経験などを考慮しながら，年間や題材ごとのまとまりを見通して，育てたい資質・能力を明確にする。教科としての系統性や他教科等との関連，習得・活用・探究型の学習活動を意図的に設定しながら，児童生徒の主体的・対話的で深い学びの実現を図るようにする。言語能力や情報活用能力，問題発見・解決能力といった，学習の基盤となる資質・能力についても，教科別の指導における具体的な活動を通して育むことができるようにする。

学習評価では，児童生徒の学びの姿について，「知識・技能」，「思考・判断・表現」，「主体的に学習に取り組む態度」の３観点で分析的に捉え，一人一人の資質・能力の育ちを評価する。学習の基盤となる資質・能力など，教科等横断的な視点で育成を目指す資質・能力についても，上述した３観点の評価に反映させるようにする。

(2) 道徳科，特別活動，自立活動の指導

ア　道徳科

道徳科の内容項目は，各教科等を合わせた指導及び特別活動などを中心として，学校の教育活動全体を通じて指導する。その際，各教科等の単元（題材）と道徳科の内容項目を関連付け，教科等の特質に応じた具体的な指導を行うことができるようにする。

イ　特別活動

特別活動における「学級活動（小・中学部）・ホームルーム活動（高等部）」，「児童生徒会活動」，「学校行事」の指導については，他の教科等との関連を十分に図り，効率的・効果的な指導を行うことができるようにする。

ウ　自立活動

(ア)　児童生徒一人一人の実態に応じた指導を行うことを基本とし，個別の指導計画を作成する。

(イ)　自立活動の時間における指導を実施し，学校の教育活動全体を通じて行う自立活動の指導と関連付けながら，効率的・効果的に実施する。

(3) 総合的な学習の時間・総合的な探究の時間

小学部においては，生活単元学習を中心に，体験的活動等を通して「総合的な学習の時間」の目標を考慮した学習を推進する。

中学部においては，探究的な学習のよさを理解すること，実社会や実生活の中から見いだし解決していくこと，探究的な学習の主体的・協働的に取り組めるようにすることを踏まえた学習活動を計画する。

高等部においては，生徒が探究の見方・考え方を働かせ，各教科等の枠を超えた横断的・総合的な学習や生徒の興味・関心等に基づく学習を行うなど創意工夫を生かして教育活動の充実を図るようにする。

(4) 各教科等を合わせた指導

　基本的には，教科ごとに時間を設けて指導を行うが，本校に在籍する児童生徒の実態を踏まえたときに，学校での生活を基盤として，まとまりのある学習や生活の流れに沿って学んでいくことが効果的であることから，各教科（小学部は，生活，国語，算数，音楽，図画工作，体育。中・高等部は，国語，社会，数学，理科，音楽，美術，保健体育，職業・家庭）及び道徳科，特別活動，自立活動の一部又は全部を合わせた指導を行う。

　各教科等を合わせて行う指導の形態は以下のとおりである。

ア　小学部においては，日常生活の指導，生活単元学習を，中学部・高等部においては，日常生活の指導，生活単元学習，作業学習を，各教科等を合わせた指導として設ける。各教科等を合わせて指導する場合であっても，各教科等の目標や内容を十分に踏まえるとともに，教科別に指導する場合と同等の授業時数を配当するようにする。

イ　日常生活の指導においては，日常生活が充実し，高まるように児童生徒一人一人の実態等に応じ，日常生活の諸活動を実際的，反復的，段階的に指導することができるように指導計画を作成する。

ウ　生活単元学習においては，児童生徒一人一人の実態に応じながら，生活上の目標を達成したり，課題を解決したりすることができるように，一連の活動を組織的に学習し，実生活に生かされるような指導計画を作成する。

エ　作業学習においては，生徒一人一人の将来の自立と社会参加を目指し，社会人や職業人として必要とされる知識，技能及び態度の基礎を身に付けることができるように，作業を学習活動の中心に据えた指導計画を作成する。

オ　学習評価については，教科別に指導を行う場合と同じ考え方，方法で行うようにする。

(5) 指導の形態間の相補性

　本校では，各教科等を合わせた指導を軸にしたコアカリキュラムを構成する（図1）。

　指導の形態相互の関係性について，教科別の指導では，各教科等を合わせた指導で取り扱う内容を補充，深化できるように，単元や題材の指導計画等を立案する。

　また，道徳科や特別活動，自立活動や総合的な学習の時間についても，各教科等を合わせた指導との関連を十分に図りながら指導を行うようにする。

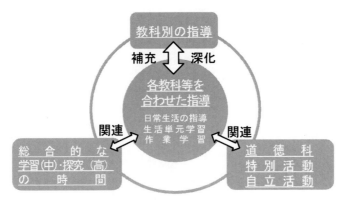

図1　指導の形態間の捉え

(6) 教育課程と授業づくりとの関係整理（図2）

ア　全体計画

学校教育目標と年間指導計画を有機的に結び付ける。

イ　個別の指導計画

① 年間指導計画との関連から個の教育的ニーズ達成の調整を行う。

② 授業の実施・評価と教育支援計画を有機的に結び付ける。

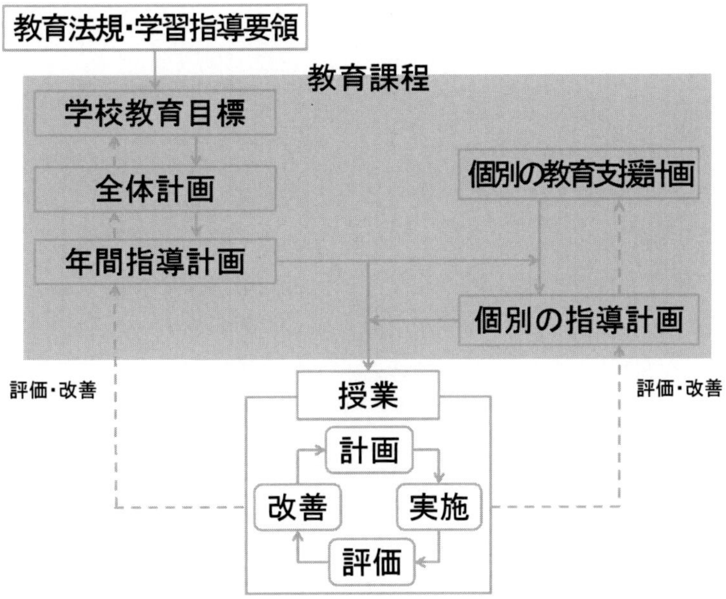

図2　教育課程と授業づくりの関係整理

2　各教科等の基本的な考え方

1　各教科等を合わせた指導

1　各教科等を合わせた指導の意義

各教科等を合わせた指導（以下，合わせた指導）とは，各教科等（各教科，道徳科，外国語活動，特別活動及び自立活動）の一部又は全部を合わせて行う指導の形態である。知的障害のある児童生徒の学習上の特性から，学校での生活を基盤として，学習や生活の流れに即して学んでいくことが効果的であることから，従前より，日常生活の指

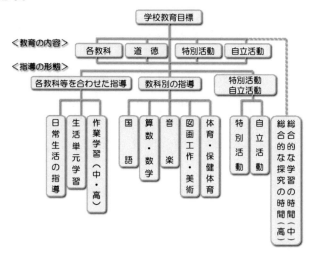

導，遊びの指導，生活単元学習，作業学習などとして実践されている。その法的根拠は，学校教育法施行規則第130条第2項の「知的障害者である児童若しくは生徒又は複数の種類の障害を併せ有する児童若しくは生徒を教育する場合において特に必要があるときは，各教科，道徳科，外国語活動，特別活動及び自立活動の全部又は一部について，合わせて授業を行うことができる。」である。

合わせた指導は，児童生徒の知的障害の状態，生活年齢，学習状況や経験等に即し，抽象的な指導の内容を実際的・具体的で自然な流れの中で取り扱うことができ，各教科等で育成を目指す資質・能力を生活文脈の中で身に付けたり，発揮したりすることができる。

2　各教科等を合わせた指導の基本的な考え方

前項で合わせた指導の法的根拠を述べたが，「特に必要があるとき」という文言に注目する必要がある。合わせた指導は，指導の形態であり，あくまでも教育内容をどのように学ぶかの選択肢の一つに過ぎない。まずは，教科別の指導として教育内容を指導することは可能か，合わせて指導することが本当に効果的であるかなどについて

検討し，「特に必要がある」と判断した場合において取り扱う教育内容を明確にして計画を立てることが重要である。これまで，本校でも各教科等を合わせて指導をしてきたが，カリキュラム・マネジメントを通して，改めて合わせた指導の在り方について議論を行ってきた。

　本校の児童生徒の様子を見てみると，生活経験の積み重ねが少なく，教師の直接的な支援の下で日常生活を営む児童生徒から，これまでの学習や生活を基に，基礎的知識や技能などをある程度身に付けている児童生徒，習得してきた知識や技能を実際の生活場面で生かそうとする児童生徒まで実態差は幅広い。しかしながら，どの児童生徒も，生活上の課題を解決し，日常生活を充実させ，自立や社会参加をしたいという思いをもっている。教科別に分けた文脈で学ぶよりも，生活に根差した実際的・具体的な文脈の中で教科の内容を学んだ方が，児童生徒の思いを実現する上で，より適していることが，授業や生活の様子から読み取れる。併せて，教師は合わせた指導を行う際に，児童生徒の生活文脈や発達段階等に適切な時期を大切にしながら，単元（題材）の中で各教科の何を学ぶかを考え，単元（題材）化を図っている。合わせた指導を通して，各教科等の目標を達成するとともに，育成を目指す資質・能力を実際的，総合的に身に付け，発揮していくことにつながると考える。これら，幾多の議論を経て，本校では合わせた指導を指導の形態の一つとして選択，実施している。

3　各教科等を合わせた指導の目標

　合わせた指導では，教科別の指導と同様に，各教科等で育成を目指す資質・能力を明確にするとともに，それらを組み合わせ，児童生徒の生活に基づいた具体的な目標を設定することになる。評価に関しては，設定した目標を達成した姿として，各教科等で育成を目指す資質・能力を身に付けたり，発揮したりしている姿を具体的に捉えることが重要である。

4　単元（題材）設定の考え方

　合わせた指導として，日常生活の指導，遊びの指導，生活単元学習，作業学習などが実践されている。本校では，児童生徒の生活年齢や実態に応じ，日常生活の指導と生活単元学習を全学部において，作業学習を中学部と高等部において設定して指導を行っている。遊びの指導は，主に小学部段階において，遊びを学習活動の中心に据えて取り組み，心身活動を活発にし，仲間との関わりを促し，意欲的な活動を育み，心身の発達を促していくものである。遊びの指導では，生活科の内容をはじめ，体育科など各教科等に関わる広範囲の内容が扱われるが，本校の小学部では生活単元学習の一連の有機的な学習の中で意図的に遊びの活動を取り入れる単元を設定するなどの工夫をしていることから，遊びの指導を形態としては設定していない。

　本校における各形態における単元（題材）設定の考え方は以下のとおりである。

(1) 日常生活の指導

　日常生活の指導は，児童生徒の日常生活に関わる技能や態度を高め，生活が充実するようにするものである。小学部においては，生活科の内容を中心にしているが，中学部・高等部においては，日常生活や社会生活において必要となる基本的生活習慣なども含め，広範囲に各教科の内容を含んで指導していく。

歯磨き指導の様子

ア　指導場面や集団の大きさなど，活動の特徴を捉え，個々の実態に即した効果的な指導ができるような指導計画を立てる。

イ　日常生活の指導で扱われる内容は，基本的生活習慣や，挨拶，言葉遣い，礼儀作法，時間や決まりを守ることなど，日常生活や社会生活において習慣的に繰り返される，必要で基本的な内容であることから，実際的で必然性のある状況の中で，繰り返し取り組むようにするとともに，日常生活の指導として設定している時間以外でも意図的・発展的に指導機会を設定する。

ウ　活動の流れや環境を整えたり，一貫した支援を行ったりすることで定着を促し，児童生徒が自分から進んで活動に取り組み，達成感を感じることができるようにする。

(2) 生活単元学習

　生活単元学習は，児童生徒が生活上の目標を達成したり，課題を解決したりするために，一連の活動を組織的・体系的に経験することによって，自立や社会参加のために必要な事柄を実際的・総合的に学習できるようにするものであり，広範囲にわたる各教科等の目標や内容を踏まえて単元を構成していく。

生活単元学習の様子

ア　単元設定に当たっては，小学部・中学部・高等部年齢期における発達の系統と生活の体系の広がりに留意して，指導上の系統性をもたせるようにする。

イ　児童生徒が目標をもち，見通しをもって単元活動に積極的に取り組むことができるように，目的意識や課題意識を育てる活動を含んだものを設定する。

ウ　単元の中心的な活動が児童生徒の実態に合っており，また，その中に必要にして十分な活動を含ませることで，どの児童生徒も積極的に活動に取り組み，充実

した単元となるようにする。

エ　指導内容の習得ができるように，単元間の活動内容に関連をもたせて継続的に
　　取り組んだり，ある時期に一定の活動内容を集中的に取り組んだりする。

オ　児童生徒の実態，興味・関心を踏まえ，個人差の大きい集団の中においても一
　　人一人の児童生徒が見通しをもって力を発揮し，活動に協働して取り組むことが
　　できるようにすること，各教科等に係る見方・考え方を生かしたり，働かせたり
　　することができるように計画する。

(3) 作業学習

　　作業学習は，作業活動を学習活動の中
心にしながら，児童生徒の働く意欲を培
い，将来の職業生活や社会自立に必要な
事柄を総合的に学習するものである。中
学部では職業・家庭科，高等部では職業
科，家庭科等の目標及び内容等を中心と
した学習で構成されるが，学習指導要領
解説に示される下記の留意事項との関連
から，各教科等の目標や広範囲にわたる

作業学習の様子

内容を包含して指導計画を立てることで，働く意欲を培いながら，将来の職業生活
や社会自立に向けて基盤となる資質・能力を育むことができるようにする。

ア　児童生徒にとって教育的価値の高い作業活動等を含み，それらの活動に取り組
　　む意義や価値に触れ，喜びや完成の成就感が味わえるようにすること。

イ　地域性に立脚した特色をもつとともに，社会の変化やニーズ等にも対応した永
　　続性や教育的価値のある作業種を選定すること。

ウ　個々の児童生徒の実態に応じた教育的ニーズを分析した上で，段階的な指導が
　　できるものであること。

エ　知的障害の状態等が多様な児童生徒が，相互の役割等を意識しながら協働して
　　取り組める作業活動を含んでいること。

オ　作業内容や作業場所が安全で衛生的，健康的であり，作業量や作業の形態，実
　　習時間及び期間などに適切な配慮がなされること。

カ　作業製品等の利用価値が高く，生産から消費への流れと社会的貢献などが理解
　　されやすいものであること。

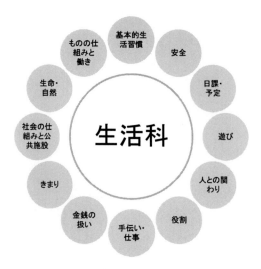

2　生活科

1　生活科の意義

　生活科は，生活に関わる具体的な活動や体験を通して，生活に関わる見方・考え方を活かし，生活に必要な基本的知識や技能及び態度を身に付け，自立し生活を豊かにしていくための資質・能力を育むことに意義がある。

　生活科は，上の図に示した実生活に即した12の内容で構成されており，他人との意思疎通，日常生活や社会生活など，生活に必要な習慣や技能の習得や習熟に困難さのある児童にとって，生活の目標や課題に沿った学びを展開できる教科とも言える。

2　生活科の目標

知識及び技能	
活動や体験の過程において，自分自身，身近な人々，社会及び自然の特徴やよさ，それらの関わり等に気付くとともに，生活に必要な習慣や技能を身に付けるようにする。	
1	活動や体験の過程において，自分自身，身近な人々，社会及び自然の特徴に関心をもつとともに，身の回りの生活において必要な基本的習慣や技能を身に付けるようにする。
2	活動や体験の過程において，自分自身，身近な人々，社会及び自然の特徴や変化に気付くとともに，身近な生活において必要な習慣や技能を身に付けるようにする。
3	活動や体験の過程において，自分自身，身近な人々，社会及び自然の特徴やよさ，それらの関わりに気付くとともに，生活に必要な習慣や技能を身に付けるようにする。

思考力・判断力・表現力等	
自分自身や身の回りの生活のことや，身近な人々，社会及び自然と自分との関わりについて理解し，考えたことを表現することができるようにする。	
1	自分自身や身の回りの生活のことや，身近な人々，社会及び自然と自分との関わりについて関心をもち，感じたことを伝えようとする。
2	自分自身や身の回りの生活のことや，身近な人々，社会及び自然と自分との関わりについて気付き，感じたことを表現しようとする。
3	自分自身や身の回りの生活のことや，身近な人々，社会及び自然と自分との関わりについて理解し，考えたことを表現することができるようにする。

学びに向かう力・人間性等	
自分のことに取り組んだり，身近な人々，社会及び自然に自ら働きかけ，意欲や自信をもって学んだり，生活を豊かにしようとしたりする態度を養う。	
1	自分のことに取り組もうとしたり，身近な人々，社会及び自然に関心をもち，意欲をもって学んだり，生活に生かそうとしたりする態度を養う。
2	自分のことに取り組もうとしたり，身近な人々，社会及び自然に自ら働きかけようとしたり，意欲や自信をもって学んだり，生活に生かそうとしたりする態度を養う。
3	自分のことに取り組んだり，身近な人々，社会及び自然に自ら働きかけ，意欲や自信をもって学んだり，生活を豊かにしようとしたりする態度を養う。

3 題材設定の考え方

　題材設定に当たっては，年間や題材ごとのまとまりを見通して，育てたい資質・能力を明確にするとともに，その達成に向けて児童の主体的・対話的で深い学びの実現を図るようにする。その際，児童が具体的な場面で実際的な活動を通して，自分と身近な社会や自然との関わりについての関心を深められるようにすることが大切である。

　さらに，各教科との関連を図り，指導の効果を高めることができるとともに，中学部の社会科，理科及び職業・家庭科の学習を見据え，系統的・発展的に指導を行うようにする。

　また，生活科の内容の中には，キャリア教育におけるキャリアプランニング能力と関連の深いものもある（役割や手伝い，仕事など）。教育活動全体を通して指導を図る全体計画の各項目についても，相互の関連性を十分に検討し，適切に指導を行うことが必要である。

3 国語科

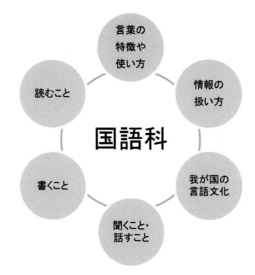

1 国語科の意義

　人間関係を形成し，社会生活を送っていく上で，言語の果たす役割は大きい。言葉で情報を整理し物事を理解したり，お互いの考えや意思を伝え合ったりして，外界の事象を理解・表現する力を育む教科が国語科である。実際の生活経験と密接に結び付いた音声や文字，またそれに類する言語能力の習得から得られる言語感覚は自分なりのものの見方や考え方の形成の基盤となる。言語能力の育成をするために，言葉を直接の学習対象とする国語科の果たす役割は大きい。言語能力を支える語彙の段階的な獲得を含め，発達段階に応じた言語能力の育成を図るようにする。

　児童生徒は，国語科における学習活動の中で，対象と言葉，言葉と言葉との関係を，言葉の意味，働き，使い方などに着目して捉えたり，問い直したりして言葉への自覚を高めようとする。このような言葉による見方・考え方を働かせながら，言葉に対する認識を高め，習得，活用，探求する学びの過程の中で，内容や事柄を理解したり，表現したりする資質・能力をよりよく育んでいくことができる。

2 国語科の目標

	知識及び技能
小学部	日常生活に必要な国語について，その特質を理解し使うことができるようにする。
中学部	日常生活や社会生活に必要な国語について，その特質を理解し適切に使うことができるようにする。
高等部	社会生活に必要な国語について，その特質を理解し適切に使うことができるようにする。

思考力・判断力・表現力等		
小学部	日常生活における人との関わりの中で伝え合う力を身に付け，思考力や想像力を養う。	
中学部	日常生活や社会生活における人との関わりの中で伝え合う力を高め，思考力や想像力を養う。	
高等部	社会生活における人との関わりの中で伝え合う力を高め，思考力や想像力を養う。	

学びに向かう力・人間性等		
小学部	言葉で伝え合うよさを感じるとともに，言語感覚を養い，国語を大切にしてその能力の向上を図る態度を養う。	
中学部	言葉がもつよさに気付くとともに，言語感覚を養い，国語を大切にしてその能力の向上を図る態度を養う。	
高等部	言葉がもつよさを認識するとともに，言語感覚を養い，国語を大切にしてその能力の向上を図る態度を養う。	

4　題材設定の考え方

　題材は，児童生徒の実態や生活年齢を踏まえながら，他教科等との関連や言語経験，生活経験などを考慮して設定する。

　国語科では，様々な事物や経験，思い，考えなどをどのように言葉で理解し，言葉で表現するかという言葉を通じた理解や，表現及びそこで用いられる言葉そのものを学習対象としている。内容については，これらの学習対象を組み合わせ，日常生活や社会生活と関連させた具体的な言語活動を設定する。そのため，児童生徒が興味・関心のあるものから日常生活に関連するものまで，徐々に様々な種類や場面，形式の言葉，文，文章を取り扱う中で育む資質・能力の育成に向けて，主体的，対話的で深い学びの実現を図るようにする。その際，言葉による見方・考え方を働かせ，言語活動を通して，言葉の特徴や使い方などを身に付け，自分の思いや考えを深める学習の習熟を図り，児童生徒を取り巻く言語環境を整備することで，言語感覚を養うことができるようにする。

　学習評価では，「知識・技能」，「思考・判断・表現」，「主体的に学習に取り組む態度」といった観点別学習評価の3観点に基づき，児童生徒の学びの姿を分析的に捉え，児童生徒一人一人の資質・能力の育ちを評価する。国語では，理解したり，表現したりする様々な場面の中で生きて働く「知識・技能」として身に付けるために，思考・判断し表現することを通じて育成を図ることが求められるなど，「知識・技能」と「思考，判断，表現」は，相互に関連し合いながら育成される場面があることも考慮しながら指導計画作成や学習評価をする必要がある。

4 算数・数学科

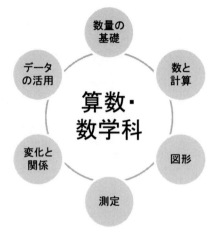

1 算数・数学科の意義

　算数・数学は，数量や図形などについての基礎的・基本的な知識及び技能を身に付け，これらを活用して問題を解決するために必要な数学的な思考力，判断力，表現力を育むとともに，学んだことを他の学習や生活に活用しようとするなど，数学的に考える資質・能力を育成することをねらいとする教科である。

　児童生徒は，事象を数理的に捉えて，算数・数学の問題を見いだし，問題を自立的・協働的に解決する過程を遂行する数学的活動を通して，数量や図形及びそれらの関係などに着目して捉え，根拠を基に筋道を立てて考え，総合的・発展的に考える数学的な見方・考え方を働かせることで，数学的に考える資質・能力をよりよく育んでいくことができる。

　算数・数学で得た知識及び技能，数学的な見方や考え方は，物事を能率的に処理し，簡潔かつ明瞭に表現したり，的確に捉えたりする力につながっていく。様々な情報を取捨選択し，課題を見付け，考え，解決していくために必要な数や数処理の知識や技能は，主体的によりよく社会生活を送っていくために必要不可欠なものであると考える。

2 算数・数学科の目標

知識及び技能	
小学部	数量や図形などについての基礎的・基本的な概念や性質などに気付き理解するとともに，日常の事象を数量や図形に注目して処理する技能を身に付けるようにする。
中学部	数量や図形などについての基礎的・基本的な概念や性質などを理解し，事象を数理的に処理する技能を身に付けるようにする。
高等部	数量や図形などについての基礎的・基本的な概念や性質などを理解するとともに，日常の事象を数学的に解釈したり，数学的に表現・処理したりする技能を身に付けるようにする。

思考力・判断力・表現力等	
小学部	日常の事象の中から数量や図形を直感的に捉える力，基礎的・基本的な数量や図形の性質などに気付き感じ取る力，数学的な表現を用いて事象を簡潔・明瞭・的確に表したり柔軟に表したりする力を養う。
中学部	日常の事象を数理的に捉え見通しをもち筋道を立てて考察する力，基礎的・基本的な数量や図形の性質などを見いだし統合的・発展的に考察する力，数学的な表現を用いて事象を簡潔・明瞭・的確に表現する力を養う。
高等部	日常の事象を数理的に捉え見通しをもち筋道を立てて考察する力，基礎的・基本的な数量や図形などの性質を見いだし統合的・発展的に考察する力，数学的な表現を用いて事象を簡潔・明瞭・的確に表現したり目的に応じて柔軟に表したりする力を養う。

学びに向かう力・人間性等	
小学部	数学的活動の楽しさに気付き，関心や興味をもち，学習したことを結び付けてよりよく問題を解決しようとする態度，算数で学んだことを学習や生活に活用しようとする態度を養う。
中学部	数学的活動の楽しさや数学のよさに気付き，学習を振り返ってよりよく問題を解決しようとする態度，数学で学んだことを生活や学習に活用しようとする態度を養う。
高等部	数学的活動の楽しさや数学のよさを実感し，数学的に表現・処理したことを振り返り，多面的に捉え検討してよりよいものを求めて粘り強く考える態度，数学を生活や学習に活用しようとする態度を養う。

3　題材設定の考え方

　題材については，学習指導要領の内容を踏まえ，小学部3段階，中学部2段階，高等部2段階の計7段階ごとに設定する。各段階において，算数・数学科の領域をバランスよく盛り込めるよう題材を設定し，それぞれの題材において，育てたい資質・能力を明確にするとともに，その達成に向けて，題材ごとのまとまりや年間を見通して児童生徒の主体的・対話的で深い学びの実現を図るようにする。

　学習グループ編成や，指導内容の選定については，各学部児童生徒の実態や生活年齢，他教科等との関連を踏まえて設定するようにし，生徒の実態に応じて，高等部においても小学部・中学部の指導計画，中学部においても小学部の指導計画を取り扱うこととする。

5 社会科

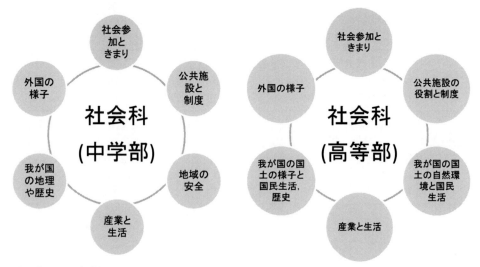

1 社会科の意義

　社会的な見方・考え方を働かせ，社会的事象について関心をもち，具体的に考えたり，関連付けたりする活動を通して，自立し生活を豊かにするとともに，平和で民主的な国家及び社会の形成者に必要な公民としての資質・能力を育む教科が社会科である。社会科の内容は，学校や地域などで充実した生活を送るために必要な技能の習得や，社会生活に必要な基礎的な能力と態度を身に付けることを目指し，生活に即した具体的な内容で構成されている。

　生徒は，社会科における実際的な活動の中で，社会的事象の意味や意義，特色や相互の関連を考え，社会に見られる課題を把握して，学んだことを理解したり，社会生活に生かそうとしたりする。このような学びを通して，思考力，判断力を育成し，得た知識を自分の生活と結び付けて具体的に深く理解する力や，社会に主体的に関わろうとする力などの資質・能力を育むことができる。

2 社会科の目標

知識及び技能	
中学部	地域や我が国の国土の地理的環境，現代社会の仕組みや役割，地域や我が国の歴史や伝統と文化及び外国の様子について，具体的な活動や体験を通して理解するとともに，経験したことと関連付けて，調べまとめる技能を身に付けるようにする。
高等部	地域や我が国の国土の地理的環境，現代社会の仕組みや働き，地域や我が国の歴史や伝統と文化及び外国の様子について，様々な資料や具体的な活動を通して理解するとともに，情報を適切に調べまとめる技能を身に付けるようにする。

思考力・判断力・表現力等	
中学部	社会的事象について，自分の生活と結び付けて具体的に考え，社会との関わりの中で，選択・判断したことを適切に表現する力を養う。
高等部	社会的事象の特色や相互の関連，意味を多角的に考えたり，自分の生活と結び付けて考えたり，社会への関わり方を選択・判断したりする力，考えたことや選択・判断したことを適切に表現する力を養う。

学びに向かう力・人間性等	
中学部	社会に主体的に関わろうとする態度を養い，地域社会の一員として人々と共に生きていくことの大切さについての自覚を養う。
高等部	社会に主体的に関わろうとする態度や，よりよい社会を考え学習したことを社会生活に生かそうとする態度を養うとともに，多角的な思考や理解を通して，地域社会に対する誇りと愛情，地域社会の一員としての自覚，我が国の国土と歴史に対する愛情，我が国の将来を担う国民としての自覚，世界の国々の人々と共に生きていくことの大切さについての自覚などを養う。

3　題材設定の考え方

　題材設定に当たっては，年間や題材ごとのまとまりを見通して，育てたい資質・能力を明確にするとともに，その達成に向けて生徒の主体的・対話的で深い学びの実現を図るようにする。また，生徒の生活年齢や生活経験，学習状況を考慮するとともに，各教科との関連を図り，指導の効果を高められるようにする。加えて，中学部社会科においては，小学部の生活科をはじめとする各教科等及び，高等部社会科との関連を図り，高等部社会科においては，中学部社会科をはじめとする各教科等との関連を図り，系統的・発展的に指導できるようにする。

　内容の取扱いに当たっては，観察や見学に行ったり，人に会って話を聞いたりするなど，具体的な体験を通して社会的事象への興味・関心を高め，そこから問題を見いだし，その解決への見通しをもって学習に取り組むことができるようにする。

6 理科

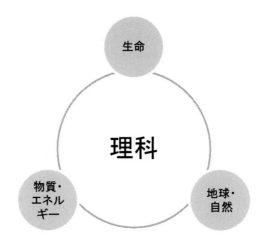

1 理科の意義

　自然に親しみ，理科の見方・考え方を働かせ，見通しをもって，観察，実験を行うことなどを通して，自然の事物・現象についての問題を科学的に解決するために必要な資質・能力を育む教科が理科である。

　生徒は，理科における実際的な活動の中で，自然の事物・現象をそれぞれの区分における特徴的な視点を用いて捉え，中学部は「比較する」，「関係付ける」，高等部はそれらに加え，「条件を制御する」，「多面的に考える」という考え方を働かせて問題解決をしようとする。さらに，自然の事物・現象についての問題を科学的に解決するためには，主体的・対話的な学びとして，互いの考えを尊重しながら話し合い，自然の事物・現象についての考えを少しずつ科学的なものに変容させていく。このような理科の見方・考え方を意識的に働かせながら自然の事物・現象に関わることで，生徒の見方・考え方は豊かで確かなものになるとともに，育成を目指す資質・能力の更なる伸長につながると考えられる。

2 理科の目標

知識及び技能	
中・高等部	自然の事物・現象についての基本的な理解を図り，観察，実験などに関する初歩的な技能を身に付けるようにする。

思考力・判断力・表現力等	
中学部	観察，実験などを行い，疑問をもつ力と予想や仮説を立てる力を養う。
高等部	観察，実験などを行い，解決の方法を考える力とより妥当な考えをつくりだす力を養う。

学びに向かう力・人間性等		
中学部	自然を愛する心情を養うとともに，学んだことを主体的に日常生活や社会生活などに生かそうとする態度を養う。	
高等部	自然を愛する心情を養うとともに，学んだことを主体的に生活に生かそうとする態度を養う。	

3　題材設定の考え方

　題材の内容や時間のまとまりを見通して，その中で育む資質・能力の育成に向けて，生徒の主体的・対話的で深い学びの実現を図るようにする。理科の学習過程の特性を踏まえ，理科の見方・考え方を働かせ，問題を見いだし，予想や仮説，観察，実験などの方法について考えたり，説明したりする学習活動，観察，実験の結果を整理し考察する学習活動，科学的な言葉や概念を使用して考えたり，説明したりする学習活動を組み込むようにする。加えて，小学部の生活科，中学部の理科，高等部の理科と系統的・発展的に指導を行うようにする。

　内容の取扱いについては，生物，天気，川，土地などの指導に当たっては，野外に出掛け地域の自然に親しむ活動や体験的な活動を多く取り入れるとともに，生命を尊重し，自然環境の保全に寄与するような態度を養うようにする。天気，川，土地などの指導に当たっては，災害に関する基礎的な理解が図られるようにする。科学技術が日常生活や社会を豊かにしていることや理科で学習することが様々な職業などと関係していることに触れるようにする。博物館や科学学習センターなどと連携，協力を図るようにする。観察，実験などを行うに当たっては，身の回りのことや生活に関わる簡単なものを扱い，事故防止に十分留意し，環境整備にも配慮する。

7 音楽科

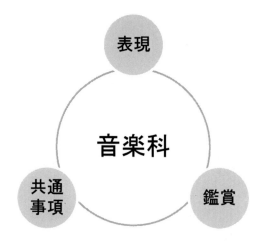

1 音楽科の意義

　音楽は感情と密接に結び付いていて，感覚の統合や発達を促進したり，表現の拡大につながったりと，私たちに様々な影響を及ぼしている。さらに，音や音楽でのやりとりは，対人関係の形成や言語発達の促進，社会的な相互交流の手段にもなる。

　知的障害のある児童生徒の音楽科教育では，音楽の規則性が単純なものから複雑なものまで多種多様である音楽の特性を踏まえて，障害の状態等に応じて題材を設定することにより，音楽的な感受性を育て，情緒の安定や豊かな情操を養い，生活と音楽の関連を図りながら，生涯を通じて音楽を楽しむ態度を育てることにその意義がある。

　児童生徒は，多様な音楽活動を幅広く体験する中で，思いや意図をもって音楽を表現したり，味わって聴いたりするなど，感性を豊かに働かせながら主体的に活動に取り組み，音楽に対する感性が育まれていく。音楽的な見方・考え方を働かせながら音楽に対する感性を働かせる学習を積み重ねていくことで，生活や社会の中の音や音楽，音楽文化と豊かに興味や関心をもって関わる資質・能力を育むことができる。

2 音楽科の目標

知識及び技能	
小学部	曲名や曲想と音楽のつくりについて気付くとともに，感じたことを音楽表現するために必要な技能を身に付けるようにする。
中学部	曲名や曲想と音楽の構造などとの関わりについて理解するとともに，表したい音楽表現をするために必要な技能を身に付けるようにする。
高等部	曲想と音楽の構造などとの関わり及び音楽の多様性について理解するとともに，創意工夫を生かした音楽表現をするために必要な技能を身に付けるようにする。

思考力・判断力・表現力等	
小学部	感じたことを表現することや，曲や演奏の楽しさを見いだしながら，音や音楽の楽しさを味わって聴くことができるようにする。
中学部	音楽表現を考えることや，曲や演奏のよさなどを見いだしながら，音や音楽を味わって聴くことができるようにする。
高等部	音楽表現を創意工夫することや，音楽を自分なりに評価しながらよさや美しさを味わって聴くことができるようにする。

学びに向かう力・人間性等	
小学部	音や音楽に楽しく関わり，協働して音楽活動をする楽しさを感じるとともに，身の回りの様々な音楽に親しむ態度を養い，豊かな情操を培う。
中学部	進んで音や音楽に関わり，協働して音楽活動をする楽しさを感じるとともに，様々な音楽に親しんでいく態度を養い，豊かな情操を培う。
高等部	音楽活動の楽しさを体験することを通して，音楽を愛好する心情と音楽に対する感性を育むとともに，音楽に親しんでいく態度を養い，豊かな情操を培う。

3　題材設定の考え方

　題材など内容や時間のまとまりを見通して，その中で育むべき資質・能力の育成に向けて，生徒の主体的・対話的で深い学びの実現を図るようにする。題材は，他者と協働しながら音楽表現を生み出したり，音楽を聴いてそのよさを見いだしたりするなど，思考，判断し，表現する一連の過程を大切にした学習の充実を図ることができるようにする。

　内容の取扱いについては，音楽的な見方・考え方を働かせ，生活や社会の中の音や音楽，音楽文化と豊かに関わる資質・能力を育成するために，音楽遊びをする，歌を歌う，楽器を演奏する，音楽をつくる，音楽を身体の動きで表現をする，音や音楽を聴くなどの多様な音楽活動を幅広く体験できるようにする。

図画工作・美術科

1 図画工作・美術科の意義

　表現及び鑑賞の幅広い活動を通して，造形的な見方・考え方を働かせ，生活や社会の中の色や形，美術や美術文化と豊かに関わる資質・能力を育成する教科である。小学部段階では，身近な材料に触れたり，操作したりしながら，つくりだす喜びを味わうこと，中学部段階では，小学部で培われた豊かな感性や経験，表現及び鑑賞に関する資質・能力などを基に，作品の表し方を工夫したり，見方や感じ方を深めることができる。高等部段階では，生活や社会を美しく豊かにする美術の働きについて実感を伴いながら見方や感じ方を深めること，感性や想像力を働かせ，対象や事象を造形的な視点で捉えて，自分としての意味や価値をつくりだすことができる。

　児童生徒は，造形的な視点をもって身の回りの様々なものから，よさや美しさなどを感じ取ったり，形や色彩を通したコミュニケーションを通じて多様な文化や考え方に接して思いを巡らせたりし，心豊かな生活を形成することができる。そのような学習活動の中で，造形的な見方・考え方を働かせ，生涯にわたって生活や社会の中の美術や美術文化と豊かに関わる資質・能力を育むことができる。

2 図画工作・美術科の目標

知識及び技能	
小学部	形や色などの造形的な視点に気付き，表したいことに合わせて材料や用具を使い，表し方を工夫してつくることができるようにする。
中学部	造形的な視点について理解し，表したいことに合わせて材料や用具を使い，表し方を工夫する技能を身に付けるようにする。
高等部	造形的な視点について理解するとともに，表現方法を創意工夫し，創造的に表すことができるようにする。

思考力・判断力・表現力等	
小学部	造形的なよさや美しさ，表したいことや表し方などについて考え，発想や構想をしたり，身の回りの作品などから自分の見方や感じ方を広げたりすることができるようにする。
中学部	造形的なよさや面白さ，美しさ，表したいことや表し方などについて考え，経験したことや材料などを基に，発想し構想するとともに，造形や作品などを鑑賞し，自分の見方や感じ方を深めることができるようにする。
高等部	造形的なよさや美しさ，表現の意図と工夫などについて考え，主題を生み出し豊かに発想し構想を練ったり，美術や美術文化などに対する見方や感じ方を深めたりすることができるようにする。

学びに向かう力・人間性等	
小学部	つくりだす喜びを味わうとともに，感性を育み，楽しく豊かな生活を創造しようとする態度を養い，豊かな情操を培う。
中学部	創造活動の喜びを味わい，美術を愛好する心情を育み，感性を豊かにし，心豊かな生活を営む態度を養い，豊かな情操を培う。
高等部	美術の創造活動の喜びを味わい，美術を愛好する心情を育み，感性を豊かにし，心豊かな生活を創造していく態度を養い，豊かな情操を培う。

3　題材設定の考え方

　年間や題材ごとのまとまりを見通して，育てたい資質・能力を明確にするとともに，その達成に向けて児童生徒の主体的・対話的で深い学びの実現を図る。

　題材は，児童生徒の造形活動の発達段階を踏まえながら，季節や学校行事，生活などと結び付いた児童生徒が興味・関心のあるものを考慮して設定する。

　造形活動においては，材料や用具の安全な使い方を指導したり，活動場所を事前に点検したりして，事故防止について徹底する。また，表現活動を通して，材料・用具の特性や適切な扱い方を身に付けることができるようにする。さらに，適宜共同制作を取り入れるなど，ダイナミックな造形活動を体験できるようにする。鑑賞においては，作品展示など，日頃から自分や友達の作品を鑑賞する環境を整えたり，美術館に出掛けて優れた芸術作品に触れる機会を設定したりするなど，様々な作品に触れながら鑑賞マナーや鑑賞の能力を身に付けることができるように設定する。「表現」及び「鑑賞」については，相互の関連を図る。

9 体育・保健体育科

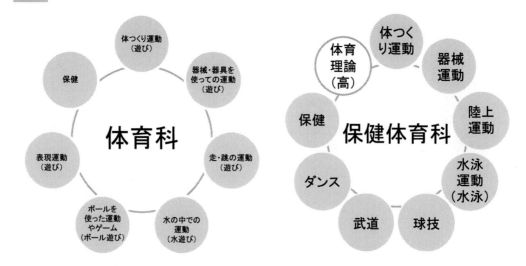

1 体育・保健体育科の意義

　体育・保健体育科は，体育や保健の見方・考え方を働かせ，課題に気付き，その解決に向けた学習過程を通して，心と体を一体として捉え，生涯にわたって心身の健康を保持増進するとともに，豊かなスポーツライフを実現するための資質・能力を育成することをねらいとした教科である。

　「体育の見方・考え方」とは，運動やスポーツを，その価値や特性に着目して，楽しさや喜びとともに体力の向上に果たす役割の視点から捉え，自己の適性等に応じた「する・みる・ささえる・知る」の多様な関わり方と関連付けることである。また，「保健の見方・考え方」とは，個人及び社会生活における課題や情報を，健康や安全に関する原則や概念に着目して捉え，疾病等のリスクの軽減や生活の質の向上，健康を支える環境づくりと関連付けることである。これらの見方・考え方を働かせる学習過程を工夫することによって，体育・保健体育科で育成を目指す資質・能力がよりよく育まれ，ひいては「豊かなスポーツライフを実現する」という包括的な目標を達成していくことにつながる。

　体育・保健体育科は，心身の成長が著しい初等中等教育段階の児童生徒が，各運動領域の特性や魅力に触れ，体を動かす楽しさや喜びを味わったり，健康の大切さを実感したりすることを通して，実践力と健やかな心身を身に付け，現在及び将来の生活を健康で活力に満ちた明るく豊かなものにするという点において意義がある。

2　体育・保健体育科の目標

知識及び技能	
小学部	遊びや基本的な運動の行い方及び身近な生活における健康について知るとともに，基本的な動きや健康な生活に必要な事柄を身に付けるようにする。
中学部	各種の運動の特性に応じた技能等及び自分の生活における健康・安全について理解するとともに，基本的な技能を身に付けるようにする。
高等部	各種の運動の特性に応じた技能等並びに個人生活及び社会生活における健康・安全についての理解を深めるとともに，目的に応じた技能を身に付けるようにする。

思考力・判断力・表現力等	
小学部	遊びや基本的な運動及び健康についての自分の課題に気付き，その解決に向けて自ら考え行動し，他者に伝える力を養う。
中学部	各種の運動や健康・安全についての自分の課題を見付け，その解決に向けて自ら思考し判断するとともに，他者に伝える力を養う。
高等部	各種の運動や健康・安全についての自他や社会の課題を発見し，その解決に向けて仲間と思考し判断するとともに，目的や状況に応じて他者に伝える力を養う。

学びに向かう力・人間性等	
小学部	遊びや基本的な運動に親しむことや健康の保持増進と体力の向上を目指し，楽しく明るい生活を営む態度を養う。
中学部	生涯にわたって運動に親しむことや健康の保持増進と体力の向上を目指し，明るく豊かな生活を営む態度を養う。
高等部	生涯にわたって継続して運動に親しむことや，健康の保持増進と体力の向上を目指し，明るく豊かで活力ある生活を営む態度を養う。

3　題材設定の考え方

　年間の題材配列を検討する際は，第1学年から第6学年又は第3学年までの全ての学年において取り扱うことが定められている領域があることに留意し，6学年間又は3学年間を見通して各領域とも全て履修することができるように計画する。その上で，題材を設定する際は，学校や地域の実態を考慮するとともに，児童生徒の障害の状態や運動経験及び技能の程度等を踏まえ，各領域の構成内容から運動種目を選定したり，地域の人材を活用したりすることも検討する。また，各運動を行う際の場や用具の安全に気を付けること，けがの予防の仕方など，各運動領域の内容と保健領域の内容とを相互に関連付けて指導する。

　各題材においては，運動や健康についての興味や関心を深め，運動や健康に関する

課題を見付け，粘り強く意欲的に課題の解決に取り組むとともに，自らの学習活動を振り返りつつ，課題を見直したり，新たに気付いたりして，友達と共に思考を深め，よりよく課題を解決し，次の学びにつなげることができるようにする。

10 職業・家庭科

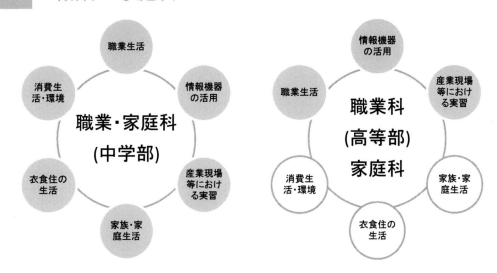

1 職業・家庭科（中）／職業科及び家庭科（高）の意義

　生活や職業に関する実践的・体験的な学習活動を通して，よりよい生活の実現に向けて工夫する資質・能力を育む教科が，中学部の職業・家庭科や，高等部の職業科及び家庭科である。これらは，実際の家庭生活や将来の職業生活に直接関わる具体的な内容が扱われる。中学部段階では，小学部までに学習した各教科等の内容を，高等部段階では，中学部の職業・家庭科の内容を踏まえるとともに，生活年齢や生活経験を考慮しながら，現在から将来にわたる家庭生活や社会生活，職業生活に係る事項について，生徒の実態に即して基礎的な内容から実用的かつ発展的な内容まで幅広く展開することが可能である。

　生徒は，職業・家庭科等における実践的・体験的な活動の中で，職業に係る事象を将来の生き方等の視点で捉え，よりよい職業生活や社会生活を営むための工夫を行ったり，家族や家庭，衣食住，消費や環境などに係る事象を健全で豊かな家庭生活を営む視点で捉え，生涯にわたって自立し共に生きる生活を創造するために，よりよい生活を工夫したりしようとする。このような職業に係る見方・考え方や，生活の営みに係る見方・考え方を働かせながら，直面する様々な課題について，生徒が自ら考え，判断し，表現することを繰り返すことで，現在や将来における自らの生活や職業に関心をもち，生きて働く知識及び技能を身に付け，それらを活用して生活するための資質・能力を育むことができる。

2 職業・家庭科（中）/ 職業科及び家庭科（高）の目標

知識及び技能		
中学部	生活や職業に対する関心を高め，将来の家庭生活や職業生活に係る基礎的な知識や技能を身に付けるようにする。	
高等部	職業科	家庭科
	職業に関する事柄について理解を深めるとともに，将来の職業生活に係る技能を身に付けるようにする。	家族・家庭の機能について理解を深め，生活の自立に必要な家族・家庭，衣食住，消費や環境等についての基礎的な理解を図るとともに，それらに係る技能を身に付けるようにする。

思考力・判断力・表現力等		
中学部	将来の家庭生活や職業生活に必要な事柄を見いだして課題を設定し，解決策を考え，実践を評価・改善し，自分の考えを表現するなどして，課題を解決する力を養う。	
高等部	職業科	家庭科
	将来の職業生活を見据え，必要な事柄を見いだして課題を設定し，解決策を考え，実践を評価・改善し，表現する力を養う。	家庭や地域における生活の中から問題を見いだして課題を設定し，解決策を考え，実践を評価・改善し，考えたことを表現するなど，課題を解決する力を養う。

学びに向かう力・人間性等		
中学部	よりよい家庭生活や将来の職業生活の実現に向けて，生活を工夫し考えようとする実践的な態度を養う。	
高等部	職業科	家庭科
	よりよい将来の職業生活の実現や地域社会への貢献に向けて，生活を改善しようとする実践的な態度を養う。	家族や地域の人々との関わりを考え，家族の一員として，よりよい生活の実現に向けて，生活を工夫し考えようとする実践的な態度を養う。

3 題材設定の考え方

　題材のまとまりを見通して，育てたい資質・能力を明確にするとともに，その達成に向けて生徒の主体的・対話的で深い学びの実現を図るようにする。その際，作業や実習など実践的・体験的な活動と知識とを相互に関連付けてより深く理解できるようにすることや，生活や社会の中から問題を見いだして解決策を考え，実践を評価・改善して，新たな課題の解決に向かう学習過程を経ることができるようにする。

　題材設定に当たっては，生徒の学習状況や生活年齢及び生活経験を踏まえるととも

に，分野相互や各教科等との関連を図り，指導の効果を高めることができるようにする。加えて，中学部の職業・家庭科においては，小学部の生活科をはじめとする各教科等及び高等部における職業科，家庭科，情報教育等とのつながりを，高等部の職業科及び家庭科においては，中学部の職業・家庭科をはじめとする各教科等とのつながりを十分に考慮し，系統的・発展的な指導を行うようにする。また，実践的・体験的な学習活動の充実に向けて，家庭や地域，産業界との連携を図るとともに，校内外での体験的な学習活動と関連させ，段階的・系統的に指導できるようにする。

内容の取扱いに当たっては，安全に実習等を行ったり，学習意欲を高めたりする観点から，活動に応じた作業場所や動線の確保，道具等や材料の整理整頓及び保守・管理，照度・温湿度・ちりやほこりの状態の管理など，教室環境を整備した上で学習を行うようにする。学習の内容によっては生徒に対して，火気，用具，材料などの取扱いと事故防止の指導を徹底する。また，生徒の興味・関心及び実態に即した学習活動や，生活や社会の中から問題を見いだして課題を設定し解決する学習活動を積極的に取り入れることで，生徒が学習することの目的やその意義に気付くことができるようにするとともに，学習したことの充実感や達成感を得ることができるようにする。

11 総合的な学習の時間（中）／総合的な探究の時間（高）

1 総合的な学習の時間の意義

　総合的な学習の時間・総合的な探究の時間は，「探究的な見方・考え方」を働かせて，横断的・総合的な学習を行うことを通して，よりよく課題を解決し，自己の在り方生き方を考えながら，よりよく課題を発見し，解決していくための資質・能力を育成することを目指すものである。「探究的な見方・考え方」とは，各教科等における見方・考え方を総合的に活用するとともに，広範な事象を多様な角度から俯瞰して捉え，実社会と実生活の課題を探求し，自己の生き方を問い続けることであると言える。総合的な学習の時間・総合的な探究の時間においては，探究的な学習の過程を一層重視し，各教科等で育成する資質・能力を相互に関連付け，実社会・実生活において活用できるものにするとともに，各教科等を超えた学習の基盤となる資質・能力を育成する。

　生徒は，総合的な学習の時間・総合的な探究の時間を通して，探究的な学習のよさや意義・価値を理解する，実社会や実生活と自己との関わりから問いを見いだし解決していく，探究的な学習に主体的・協働的に取り組むとともに，互いのよさを生かしながら新たな価値を創造し，よりよい社会を実現しようとするといった資質・能力を育んでいくことができる。

2 総合的な学習の時間・総合的な探究の時間の目標

知識及び技能	
中学部	探究的な学習の過程において，課題の解決に必要な知識及び 技能を身に付け，課題に関わる概念を形成し，探究的な学習のよさを理解するようにする。
高等部	探究の過程において，課題の発見と解決に必要な知識及び技能を身に付け，課題に関わる概念を形成し，探究の意義や価値を理解するようにする。

思考力・判断力・表現力等	
中学部	実社会や実生活の中から問いを見いだし，自分で課題を立て，情報を集め，整理・分析して，まとめ・表現することができるようにする。
高等部	実社会や実生活と自己との関わりから問いを見いだし，自分で課題を立て，情報を集め，整理・分析して，まとめ・表現することができるようにする。

学びに向かう力・人間性等	
中学部	探究的な学習に主体的・協働的に取り組むとともに，互いのよさを生かしながら，積極的に社会に参画しようとする態度を養う。
高等部	探究に主体的・協働的に取り組むとともに，互いのよさを生かしながら，新たな価値を創造し，よりよい社会を実現しようとする態度を養う。

3　題材設定の考え方

　　年間や単元など内容や時間のまとまりを見通して，その中で育む資質・能力の育成に向けて，生徒の主体的・対話的で深い学びの実現を図るようにする。その際，生徒や学校，地域の実態等に応じて，生徒が探究的な見方・考え方を働かせ，教科等の枠を超えた横断的・総合的な学習の時間や生徒の興味・関心等に基づく学習を行うなど創意工夫を生かした教育活動の充実を図るようにする。

　　内容の取扱いについては，他者と協働して課題を解決しようとする学習活動を行うこと，言語により分析し，まとめたり表現したりするなどの学習活動を行うこと，「考えるための技法」が活用されるようにすることで，探究的な学習の過程を質的に高めていくようにする。また，探究的な学習の過程においては，情報を収集・整理・発信することや体験活動を適切に位置付け，指導体制を工夫するとともに，地域の人々の協力や地域の教材，学習環境の活用等の工夫を行うことが大切である。さらに，職業や自己の進路，将来に関する学習を通して，生徒が自分自身の特徴を内省的に捉えたり，周囲との関係を理解したりして，学ぶ意味や自分の将来，人生について考えることが期待される。

12 自立活動

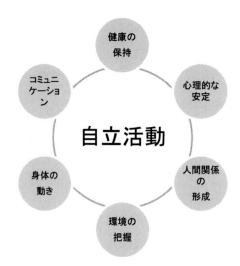

1 自立活動の意義

　特別支援教育を対象とする児童生徒は，障害によって起こりうる，日常生活や学習場面において様々なつまずきや困難に対して，小・中学校等の児童生徒と同じように心身の発達の段階等を考慮して教育するだけでは十分とは言えない。そこで，個々の障害による学習上又は生活上の困難を改善・克服するための指導が必要となる。このため，特別支援学校においては，小・中学校等と同様の各教科に加えて，自立活動の領域を設定し，人間として調和のとれた育成を目指している。

　一人一人の児童生徒に指導する具体的な指導内容は，上図の六つの区分の下に示された 27 項目の中から必要な項目を選定した上で，それらを相互に関連付けて設定することが重要である。

2 自立活動の目標及び内容

目　　標
個々の児童又は生徒が自立を目指し，障害による学習上又は生活上の困難を主体的に改善・克服するために必要な知識，技能，態度及び習慣を養い，もって心身の調和的発達の基盤を培う。

内　　容
1　健康の保持 　(1) 生活のリズムや生活習慣の形成に関すること。 　(2) 病気の状態の理解と生活管理に関すること。 　(3) 身体各部の状態の理解と養護に関すること。 　(4) 障害の特性の理解と生活環境の調整に関すること。 　(5) 健康状態の維持・改善に関すること。

```
┌─────────────────────────────────────────────────────────────────┐
│  2   心理的な安定                                                 │
│   (1) 情緒の安定に関すること。                                    │
│   (2) 状況の理解と変化への対応に関すること。                      │
│   (3) 障害による学習上又は生活上の困難を改善・克服する意欲に関すること。│
├─────────────────────────────────────────────────────────────────┤
│  3   人間関係の形成                                               │
│   (1) 他者とのかかわりの基礎に関すること。                        │
│   (2) 他者の意図や感情の理解に関すること。                        │
│   (3) 自己の理解と行動の調整に関すること。                        │
│   (4) 集団への参加の基礎に関すること。                            │
├─────────────────────────────────────────────────────────────────┤
│  4   環境の把握                                                   │
│   (1) 保有する感覚の活用に関すること。                            │
│   (2) 感覚や認知の特性についての理解と対応に関すること。          │
│   (3) 感覚の補助及び代行手段の活用に関すること。                  │
│   (4) 感覚を総合的に活用した周囲の状況についての把握と状況に応じた行動に関すること。│
│   (5) 認知や行動の手掛かりとなる概念の形成に関すること。          │
├─────────────────────────────────────────────────────────────────┤
│  5   身体の動き                                                   │
│   (1) 姿勢と運動・動作の基本的技能に関すること。                  │
│   (2) 姿勢保持と運動・動作の補助的手段の活用に関すること。        │
│   (3) 日常生活に必要な基本動作に関すること。                      │
│   (4) 身体の移動能力に関すること。                                │
│   (5) 作業に必要な動作と円滑な遂行に関すること。                  │
├─────────────────────────────────────────────────────────────────┤
│  6   コミュニケーション                                           │
│   (1) コミュニケーションの基礎的能力に関すること。                │
│   (2) 言語の受容と表出に関すること。                              │
│   (3) 言語の形成と活用に関すること。                              │
│   (4) コミュニケーション手段の選択と活用に関すること。            │
│   (5) 状況に応じたコミュニケーションに関すること。                │
└─────────────────────────────────────────────────────────────────┘
```

3 活動設定の考え方

　自立活動の指導をするに当たって，個別の指導計画を作成し，それを基に指導を展開する。個別の指導計画の作成と実際の指導に当たっては，以下の点に配慮する。

ア　目標を達成するために必要な指導項目を，6区分27項目から選定し，相互に関連付けながら具体的な指導内容を設定する。また，自ら障害による学習上又は生活上の困難を改善・克服しようとする意欲を高めるために，実際的な経験などの具体的な学習活動を通して指導したり，発達の進んでいる側面を更に伸ばし，遅れている側面を補う指導内容も取り上げたりする。

イ　個々の目標と指導内容を考慮し，自立活動部と各学部が連携した上で，時間における指導（抽出における指導も含む）において効果的な指導計画を立てるようにする。個々の児童生徒の実態に応じた指導方法や，児童生徒が主体的に取り組み，成就感を味わうことができるような指導方法を創意工夫する。

ウ　必要に応じて外部の専門家や保護者などと連携を図り，適切な指導ができるよう
　　にする。保護者との連携においては，お互いに児童生徒の成長の様子を確認し合う
　　とともに，学習で身に付けたことを家庭生活でも発揮できるようにする。

引用・参考文献

臼井喜一・金井香里（2012）現代教育課程とカリキュラム研究　p.2　成文堂

梅澤敦（2017）資質・能力の包括的育成に向けた評価の在り方の研究　p.2　国立教育政策研究所プロジェクト研究

鹿児島大学教育学部附属特別支援学校（2013）授業研究を基軸とした豊かな「学び」をはぐくむ授業づくり　p.4　鹿児島大学教育学部附属特別支援学校研究紀要第19集

鹿児島大学教育学部附属特別支援学校（2014・2016・2018）鹿児島大学教育学部附属特別支援学校研究紀要第20～22集

木原俊行・矢野裕俊・森久佳・廣瀬真琴（2012）学校を基盤とするカリキュラム開発を推進するリーダーのためのハンドブック　p.5, 7　平成21年度～平成23年度科学研究費補助金基盤研究（C）

阪木啓二・木船憲幸・阿部敬信（2019）特別支援教育における「学びの連続性」～平成29年4月告示の学習指導要領に基づいて～　pp.49-59　九州産業大学人間科学会（研究論文）

全国特別支援学校知的障害教育校長会（2019）知的障害特別支援学校における深い学びへのアプローチ　pp.6-10　東洋館出版社

全日本特別支援教育研究連盟（2018）平成29年版 特別支援学校 新学習指導要領ポイント総整理　pp.31-35　東洋館出版社

田中博之（2013）カリキュラム編成論－子どもの総合学力を育てる学校づくり－　p.3,60,269　放送大学教育振興会

田村知子（2011）実践・カリキュラムマネジメント　ぎょうせい

田村知子・村川雅弘・吉冨芳正・西岡加名恵（2016）カリキュラムマネジメント・ハンドブック　p.14, 15　ぎょうせい

中央教育審議会（2016）幼稚園，小学校，中学校，高等学校及び特別支援学校の学習指導要領等の改善及び必要な方策等について（答申）

文部科学省（2017）特別支援学校幼稚部教育要領　小学部・中学部学習指導要領

文部科学省（2018）特別支援学校教育要領・学習指導要領解説総則編（幼稚部・小学部・中学部）　p.8, 160, 194, 234　開隆堂

安彦忠彦（2005）教育課程編成論　学校は何を学ぶことろか　pp.9-25　放送大学教育振興会

湯浅恭正（2008）特別支援教育のカリキュラム開発力を養おう　p.7　黎明書房

Skilbeck, M.（1984）*School - Based Curriculum Development*. London, Harper and Row.

おわりに

　学習指導要領が改訂され，「カリキュラム・マネジメント」の重要性が示されました。各学校においては，教職員一人一人がこれまで以上により高い意識をもってカリキュラムについて考えることが求められ，人的・物的資源を活用して「カリキュラム・マネジメント」に取り組み始めています。マネジメントは学校教育において新たな考え方であるため，特別支援教育の現場からは，「カリキュラム・マネジメント」をどのように行っていけばいいのかという戸惑いの声も聞かれます。

　本校では，これまでも PDCA サイクルに基づき，教育課程の見直しを行ってきましたが，「カリキュラム・マネジメント」の整理については同様に戸惑いも見られました。そこで，これまでの研究成果を生かし，「カリキュラム・マネジメント」について，日々の授業実践に基づいて，子どもたちが「何を学ぶのか」，「どのように学ぶのか」，「何ができるようになったのか」ということを常に確認しながら整理を進めました。

　本校は，定期的な校内研究会を実施したり，鹿児島県教育委員会等の御指導を受けたりしながら，鹿児島大学と共同研究を進めています。さらに，公開研究会を実施して，全国の先生方から御意見をいただいています。このように，大学の附属学校としての人的・物的資源を生かしながら，本校なりに「カリキュラム・マネジメント」について整理し，本書にまとめました。

　一方，私たちはこれまでの研究において，本校独自の「児童生徒に育てたい資質・能力の視点」を整理してきました。本書を執筆するにあたり，この「本校の児童生徒に育てたい資質・能力の視点」と文部科学省から示された「資質・能力の視点」とのすり合わせに時間を要し，十分に再整理できていない部分もあるかと思います。また，分かりやすさという点についてもまだまだ検討の余地があります。御一読いただき，お気付きの点はぜひ御指摘いただきたく存じます。

　最後になりましたが，本書の出版に至るまで的確なアドバイスをくださいました鹿児島大学の肥後祥治教授，雲井未歓准教授，廣瀬真琴准教授，ジアース教育新社の加藤勝博社長，編集部の皆様，日々の教育実践に基づいた研究を重ねてきました教職員，そしていつも私たちにたくさんのことを教えてくれる子どもたちや御家族の皆様に深く感謝申し上げます。

鹿児島大学教育学部附属特別支援学校

校長　寺床　勝也

執筆者一覧

○ 鹿児島大学教育学部特別支援教育教員養成課程

　　教　授　肥後　祥治
　　准教授　雲井　未歓

○ 鹿児島大学教育学部教育学研究科学校教育実践高度化専攻

　　准教授　廣瀬　真琴

○ 鹿児島大学教育学部附属特別支援学校

【小学部】	【中学部】	【高等部】
初村多津子	東屋敷　卓	佐藤　　誠
野口賢二郎	村岡　　綾	福島幸太郎
岩下　優子	中村　寛治	大庭美和子
今隈　亮太	上谷　芳弘	上仮屋祐介
濵田万里代	岩下　弥生	飛田　真里
内倉　広大	今村　広海	長友枝里子
大澤津里沙	井上由梨佳	手塚　直人
四ツ永信也	中薗　良彦	川越　正仁
富田　真由	瀬戸　祥太	

【養護教諭】　新満千代美

【校長】寺床　勝也　　【副校長】奥　政治　　【教頭】甫立　将章

あわせて持ちたい！

特別支援教育の
学習指導案と授業研究

子どもたちが学ぶ楽しさを味わえる授業づくり

編著　鹿児島大学教育学部　肥後 祥治／雲井 未歓／片岡 美華
鹿児島大学教育学部附属特別支援学校

学習指導案は
どう書くの？

授業研究は
どうやって
行うの？

こんな疑問に
こたえます！

授業をする上で
参考になるヒントは
ないかな？

■B5判／208頁
■ISBN978-4-86371-213-3
■定価　本体2,000円＋税

授業づくりのすべての過程が分かるように、考え方、
授業設計、実施、評価、改善のPDCAサイクルについて、
具体例を挙げながら解説します。

こんなことが分かります！ 参考になります！

（1）特別支援教育の学習指導案の考え方、書き方が分かります。
（2）特別支援教育の授業研究の考え方、方法が分かります。
（3）特別支援教育の授業の実際や、授業を改善する方法が分かります。
（4）教育実習や初任者研修、経験者研修で学習指導案を書く際の参考になります。
（5）校内研修会等で授業研究会を行う際の参考になります。

ジアース
教育新社

〒101-0054 東京都千代田区神田錦町1-23 宗保第2ビル
TEL　03-5282-7183／FAX　03-5282-7892
E-mail　info@kyoikushinsha.co.jp
URL　https://www.kyoikushinsha.co.jp/

■表紙カバーイラスト　岡村 治栄

子どもの学びからはじめる
特別支援教育のカリキュラム・マネジメント
―児童生徒の資質・能力を育む授業づくり―

2020 年 2 月 1 日　初版第 1 刷発行
2024 年 8 月 1 日　オンデマンド版発行

■編　著　鹿児島大学教育学部　肥後 祥治／雲井 未歓／廣瀬 真琴
　　　　　鹿児島大学教育学部附属特別支援学校
■発行人　加藤 勝博
■発行所　株式会社 ジアース教育新社
　　　　　〒 101-0054 東京都千代田区神田錦町 1 - 23 宗保第 2 ビル
　　　　　TEL 03-5282-7183　FAX 03-5282-7892
　　　　　E-mail：info@kyoikushinsha.co.jp
　　　　　URL：https://www.kyoikushinsha.co.jp/

■表紙カバーデザイン　土屋図形株式会社
■本文デザイン　株式会社彩流工房
Printed in Japan
ISBN978-4-86371-521-9
定価はカバーに表示してあります。
乱丁・落丁はお取り替えいたします。（禁無断転載）